HOCHSCHULE
FÜR ÖFFENTLICHE
VERWALTUNG KEHL

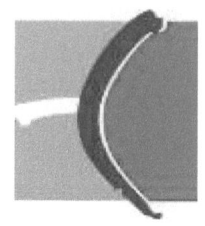

Rechtliche, gesellschaftliche und politische Implikationen von Höchstaltersgrenzen für Bürgermeister am Beispiel Baden-Württemberg

2018

von

Christoph Beil

Bibliografische Information der Deutschen Nationalbibliothek:

Die Deutsche Nationalbibliothek verzeichnet diese Publikation in der Deutschen Nationalbibliografie; detaillierte bibliografische Daten sind im Internet über http://dnb.dnb.de abrufbar.

© 2018 Christoph Beil

Herstellung und Verlag:

BoD – Books on Demand, Norderstedt

ISBN: 9783748112266

Abstract

Die vorliegende Arbeit bietet einen umfassenden Überblick zum Thema Höchstaltersgrenzen für Bürgermeister. Kommunalrechtliche Wählbarkeitshöchstgrenzen und beamtenrechtliche Ruhestandsaltersgrenzen werden im Kontext der Sonderrolle des Bürgermeisters im kommunalen Gefüge beleuchtet. Bedeutung und Beziehungsgeflecht von Recht, gesellschaftlichen Entwicklungen und politischen Entscheidungsprozessen für die Ausgestaltung von Höchstaltersgrenzen werden analysiert. Die Arbeit bietet eine vollständige Übersicht über die Regelungen aller (Flächen-)Bundesländer. Für Baden-Württemberg wird die Entwicklung der Höchstaltersgrenzen von der Gemeindeordnung 1955 bis zur Reform 2015 detailliert nachgezeichnet. Letztere wird einer ersten Bewertung unterzogen, wobei auch politische Entscheidungsträger und von der Reform betroffene Bürgermeister zu Wort kommen.

INHALTSVERZEICHNIS

Abkürzungsverzeichnis

a. a. O.	am angegebenen Ort
AAG	Antragsaltersgrenze
ÄAntr	Änderungsantrag
ABl.	Amtsblatt der Europäischen Union
Abs.	Absatz
AGG	Allgemeines Gleichbehandlungsgesetz
Art.	Artikel
AZ	Amtszeit
BZ	Badische Zeitung
BayVBl.	Bayerisches Verwaltungsblatt
BayVerfGH	Bayerischer Verfassungsgerichtshof
BayVerfGHE	Entscheidungen des Bayerischen Verfassungsgerichtshofs
BbgKVerf	Kommunalverfassung des Landes Brandenburg
BeamtStG	Beamtenstatusgesetz
Beschl.	Beschluss
BeschlEmpf	Beschlussempfehlung
BGBl.	Bundesgesetzblatt
BMAS	Bundesministerium für Arbeit und Soziales
BMFSFJ	Bundesministerium für Familie, Senioren, Frauen, und Jugend
BNN	Badische Neueste Nachrichten

BRRG	Beamtenrechtsrahmengesetz
bspw.	beispielsweise
BTDrS	Bundestagsdrucksache
BVerfG	Bundesverfassungsgericht
BVerfGE	Entscheidungen des Bundesverfassungsgerichts
BVerwG	Bundesverwaltungsgericht
BVerwGE	Entscheidungen des Bundesverwaltungsgerichts
BW	Baden-Württemberg
bzw.	beziehungsweise
d. h.	das heißt
DÖV	Die Öffentliche Verwaltung
DRG	Dienstrechtsreformgesetz
DrS	Drucksache
DVBl	Deutsche Verwaltungsblätter
EMRK	Europäische Konvention zum Schutz der Menschenrechte und Grundfreiheiten
Entsch.	Entscheidung
EUGH	Gerichtshof der Europäischen Gemeinschaften
ff.	folgende
GBl.	Gesetzblatt
gem.	gemäß
GemO	Gemeindeordnung Baden-Württemberg
GemO RLP	Gemeindeordnung Rheinland-Pfalz

GesBeschl	Gesetzesbeschluss
GesEntw	Gesetzesentwurf
GG	Grundgesetz
GLKrWG	Gesetz über die Wahl der Gemeinderäte, der Bürgermeister, der Kreistage und der Landräte (Gemeinde- und Landkreiswahlgesetz)
GO NRW	Gemeindeordnung des Landes Nordrhein-Westfalen
GO SH	Gemeindeordnung für Schleswig-Holstein
HGO	Hessische Gemeindeordnung
i.H.v.	in Höhe von
InnenAu	Innenausschuss
KSVG	Kommunalselbstverwaltungsgesetz des Landes Saarland
KV M-V	Kommunalverfassung für das Land Mecklenburg-Vorpommern
KVG LSA	Kommunalverfassungsgesetz des Landes Sachsen-Anhalt
LBG	Landesbeamtengesetz
LKWG M-V	Gesetz über die Wahlen in Mecklenburg-Vorpommern / Landes-und Kommunalwahlgesetz
LReg	Landesregierung
NJW	Neue juristische Wochenschrift
NKomVG	Niedersächsisches Kommunalwahlgesetz
NVwZ	Neue Zeitschrift für Verwaltungsrecht
NVwZ-RR	NVwZ-Rechtssprechungsreport

PlPr	Plenarprotokoll
RAG	Ruhestandsaltersgrenze
RL	Richtlinie
RL 2000/78/EG	Richtlinie 2000/78/EG des Rates vom 27. November 2000 zur Festlegung eines allgemeinen Rahmens für die Verwirklichung der Gleichbehandlung in Beschäftigung im Beruf
SächsGemO	Gemeindeordnung für den Freistaat Sachsen
SBG	Saarländisches Beamtengesetz
sog.	sogenannt
StN	Stuttgarter Nachrichten
StZ	Stuttgarter Zeitung
swp	Südwestpresse
ThürKO	Thüringer Gemeinde- und Landkreisordnung (Thüringer Kommunalordnung)
ThürKWG	Thüringisches Gesetz über die Wahlen in den Landkreisen und Gemeinden (Thüringer Kommunalwahlgesetz)
Urt.	Urteil
VerfGH	Verfassungsgerichtshof
VGH	Verwaltungsgerichtshof
vgl.	vergleiche
WHG	Wählbarkeitshöchstgrenze
Wista	Wirtschaft und Statistik
ZBR	Zeitschrift für Beamtenrecht

1. Einleitung

1.1 Hintergrund

Im September 2014 überraschte der baden-württembergische Ministerpräsident Winfried Kretschmann die Öffentlichkeit mit der Ankündigung, in Baden-Württemberg die Altersgrenze für Bürgermeister aufheben zu wollen. Ein Bürgermeister solle nicht mehr mit Erreichen des 68. Lebensjahres in den Ruhestand treten müssen und mit 65 Jahren nicht mehr zu alt für eine Kandidatur sein. Die Bevölkerung könne bei der Wahl ja entscheiden, ob jemand zu alt für ein solches Amt sei.[1]

Das kam dem Eppelheimer Bürgermeister Dieter Mörlein gerade recht. Er war 2012 zum zweiten Mal wiedergewählt worden und hätte nach der damals geltenden Rechtslage Ende 2016 mit 68 Jahren in den Ruhestand treten müssen, obwohl er noch seine volle Amtsperiode von acht Jahren absolvieren und bis 2020 im Amt bleiben wollte. Auch er fühlte sich mit 68 Jahren zu fit für den Ruhestand. Als die notwendigen Maßnahmen zur Umsetzung der Reform ausblieben, bat er das Staatsministerium um eine kurze Information über den Stand der Angelegenheit. Da diese im Vagen blieb, wandte er sich mit seinem Anliegen auch an einzelne Abgeordnete.[2] Zugleich forderte er Ministerpräsident Kretschmann in öffentlichkeitswirksamer Weise auf, mit seinem Anstoß zur Abschaffung der Altersgrenze ernst zu machen und sich für den Fall der Altersgrenze auch gegen koalitionsinterne Widerstände durchzusetzen.[3] Das brachte Bewegung in den Reformprozess, der auch in der Presse aufmerksam begleitet wurde.[4] Schließlich erhöhte der Landtag die Wählbarkeitsgrenze für Bürgermeister auf das 68.

---

[1] StN 17.9.2014; swp 16.9.2014
[2] Das Schreiben an den damaligen Vorsitzenden des Innenausschusses liegt dem Verfasser vor.
[3] StZ 23.4.2015; Tageblatt 23.4.2015
[4] Die Welt 24.4.2015; Focus 23.4.2015

2

Lebensjahr und das Ruhestandseintrittsalter auf das 73. Lebensjahr.[5] Da dem aber keine rückwirkende Wirkung zukam, sondern die bei Inkrafttreten der Neuregelung im Amt befindlichen Bürgermeister weiterhin wie bisher in den Ruhestand treten mussten,[6] blieb es für den Eppelheimer Bürgermeister beim Ruhestandseintritt mit Vollendung seines 68. Lebensjahrs im Dezember 2016. Da die Neuwahl vor diesem Zeitpunkt stattfand, hätte er aber nach neuem Recht mit 67 Jahren nochmals kandieren können. Von dieser Möglichkeit machte er allerdings keinen Gebrauch.

Das Thema Höchstaltersgrenzen für Bürgermeister ist keine spezifisch baden-württembergische Problematik. Es stand auf der politischen Tagesordnung aller Bundesländer. In den letzten zehn Jahren haben diese ihre gesetzlichen Regelungen dazu in unterschiedlicher Weise geändert, indem sie jegliche Höchstaltersgrenzen aufgehoben oder ihre Wählbarkeitshöchstgrenze und/oder die Ruhestandsaltersgrenze angehoben beziehungsweise modifiziert haben. Dabei hat der bayerische Landtagsabgeordnete Peter Paul Gantzer gegen die 2012 in Bayern vom Landtag beschlossene Höchstaltersgrenze für die Wählbarkeit von Bürgermeistern erfolglos bis zum Europäischen Gerichtshof für Menschenrechte geklagt.[7]

Das Thema steht auch weiterhin in der politischen Diskussion. So soll beispielsweise in Mecklenburg-Vorpommern[8] das Höchstalter für die Wählbarkeit abgeschafft und in Thüringen[9] auf 65 Jahre angehoben werden. In Bayern[10] hat die SPD-Landtagsfraktion erneut einen Antrag auf Aufhebung der 2012 beschlossenen Höchstaltersgrenze in den Landtag eingebracht.

---

[5] Artikel 1 Nr. 18 und Artikel 9 des Gesetzes zur Änderung kommunalverfassungsrechtlicher Vorschriften vom 28.10.2015, GBl. S.870.
[6] Art. 10 § 2 Abs. 1 des Gesetzes
[7] Gantzer 27.4.2014
[8] Welt N24 17.2.2017
[9] Thüringer Landtag, DrS 6/4066 vom 14.6.2017
[10] Bayerischer Landtag, DrS 17/15545 vom 17.2.2017

1.2 Forschungsziel und Erkenntnisinteresse

Dieser beschriebene Lebenssachverhalt weist zahlreiche Fragen auf: Warum musste der Eppelheimer Bürgermeister Dieter Mörlein sein Amt mit Erreichen des 68. Lebensjahres aufgeben, obwohl Wolfgang Schäuble mit 75 Jahren erneut für den Deutschen Bundestag kandidieren konnte und in diesem Alter sogar einen „Neuanfang" als Bundestagspräsident machen darf? Gibt es immer schon Höchstaltersgrenzen für Bürgermeister? Was will man damit erreichen? Warum gibt es so unterschiedliche Regelungen in den Bundesländern [11]? Warum hält die Rechtsprechung Höchstaltersgrenzen für rechtmäßig? Warum ist die Thematik in den letzten Jahren so aktuell geworden?

Mit der vorliegenden Arbeit möchte der Verfasser zu der Thematik Höchstaltersgrenzen für Bürgermeister [12] und zur Beantwortung dieser Fragen einen wissenschaftlichen Beitrag leisten. Dazu sind zunächst die Begriffe zu klären, die im Fokus der Arbeit stehen.

Der Begriff „Höchstaltersgrenzen" wird als Oberbegriff für die Ausprägung von zwei Altersgrenzen verstanden, die das Amt des Bürgermeisters betreffen. Dies ist zum einen die Wählbarkeitshöchstgrenze. Sie bestimmt, bis zu welchem Alter eine Person für das Amt des Bürgermeisters kandidieren darf. Zum anderen handelt es sich um die Ruhestandsaltersgrenze, die festlegt, ab welchem Alter ein Bürgermeister in den Ruhestand treten muss und nicht länger sein Amt ausüben darf.

Bürgermeister im Sinne dieser Arbeit sind nur die Amtsträger, die als Organ einer Gemeinde (vgl. § 23 GemO BW) von der Bevölkerung direkt gewählt werden (vgl. § 43 Abs. 1 GemO BW), hauptberuflich als Beamte auf Zeit (vgl. § 42 Abs. 2 GemO BW) die Gemeindeverwaltung leiten (vgl. §§ 42 Abs. 1 S. 1, 44 Abs. 1 GemO BW) und die Gemeinde

---

[11] In der Arbeit werden nur Flächenländer untersucht, da die Stadtstaaten Bremen, Berlin und Hamburg aufgrund ihrer Struktur nicht vergleichbar sind.

[12] Der Begriff des „Bürgermeisters" wird in dieser Arbeit aus Gründen der Lesbarkeit sowohl für männliche als auch weibliche Amtsinhaber verwendet.

nach außen vertreten (§ 42 S. 2 GemO BW). Dies gilt auch, wenn sie als Bürgermeister die Amtsbezeichnung „Oberbürgermeister" tragen (vgl. § 42 Abs. 4 GemO BW). Für diesen Personenkreis wird synonym auch die Bezeichnung „kommunale Wahlbeamte" verwendet. Nicht Gegenstand dieser Arbeit sind Bürgermeister, die ihr Amt als Ehrenbeamte auf Zeit ausüben (vgl. § 42 Abs. 2 GemO BW) und solche Personen, die ohne Organstellung als Beamte auf Zeit lediglich die Amtsbezeichnung „Bürgermeister" tragen. In Baden-Württemberg sind dies die Beigeordneten (vgl. § 49 Abs. 3 GemO BW).

Wissenschaftliches Arbeiten ist mehr als die bloße Wiedergabe des zu einem Thema vorhandenen Wissens. Es zielt vielmehr auf die Schaffung neuen Wissens, d.h. auf einen Erkenntnisgewinn im Verhältnis zum bisherigen Wissensstand. Wer neues Wissen in diesem Sinn schaffen will, muss das bestehende Wissen – den sogenannten Forschungsstand – zur Kenntnis nehmen, um zu klären, ob er überhaupt neues Wissen generieren kann und in welcher Hinsicht er dies tun will. Letzteres geschieht mit Hilfe einer oder mehrerer sogenannter Forschungsfragen, die die wissenschaftliche Beschäftigung mit einem Thema auf dieses Ziel hin fokussiert. Der Forschungsstand und die daraus abgeleiteten Forschungsfragen werden für das Thema Höchstaltersgrenzen für Bürgermeister daher nachfolgend dargestellt.

1.3 Forschungsstand und Rahmung der Arbeit

Wer sich auf Literatursuche zum Thema Höchstaltersgrenzen von Bürgermeistern macht, stellt bald fest, dass es hierzu keine monografische Literatur gibt, die sich umfassend diesem Thema widmet. Insoweit besteht eine Lücke, die die vorliegende Arbeit füllen will. Den Forschungsstand zu etwas darzustellen, das es so noch nicht gibt, erweist sich als Herausforderung. Denn möglich ist nur die Darstellung des Forschungsstandes einzelner Wissensbereiche und Erkenntnisse, die in die Arbeit einfließen sollen. Dies kann aber nicht isoliert geschehen. Vielmehr muss ihre Bedeutung für die Thematik der Arbeit sichtbar werden. Daher weicht die Aufbereitung bzw. Darstellung des Forschungsstandes in der vorliegenden Arbeit von der

„klassischen" Darstellung ab. Sie wird damit auch selber zum rahmenden und vorgezogenen Teil der sich anschließenden inhaltlichen Beschäftigung mit der Thematik der Arbeit.

Die wissenschaftliche Beschäftigung mit dieser Problematik fokussiert sich zunächst hauptsächlich auf einen bestimmten Problembereich, der wiederum in einem weiteren Beziehungszusammenhang steht. Diesen Kontext machen Veröffentlichungen wie „Alter und Recht"[13], „Recht der Älteren"[14], „Funktion, Arten und Bedeutung von Altersgrenzen im Recht"[15], „Altersdiskriminierung im öffentlichen Dienst"[16] und „Höchstaltersgrenzen im Beamtenrecht"[17] deutlich. Dabei werden auch Höchstaltersgrenzen für Bürgermeister als eine altersspezifische Benachteiligung angesehen und mehr oder weniger intensiv in der rechtswissenschaftlichen Diskussion mitbehandelt, die sich der Vereinbarkeit solcher Benachteiligungen mit dem Grundgesetz und dem europäischen Recht beschäftigt. Daneben findet sich das Thema Höchstaltersgrenzen auch in Veröffentlichungen, die sich speziell mit dem Amt des Bürgermeisters bzw. des kommunalen Wahlbeamten und länderübergreifenden Vergleichen befassen.[18] Dies geschieht überwiegend in deskriptiver Weise unter den Stichpunkten „Wählbarkeitsvoraussetzungen" und „Beendigung des Dienstverhältnisses durch Eintritt in den Ruhestand".

Nimmt man das Für und Wider bezüglich der Höchstaltersgrenzen für Bürgermeister und ihrer Ausgestaltung näher in den Blick, finden sich darin Argumentationslinien und Muster, die sich an der „besonderen Stellung" der kommunalen Wahlbeamten festmachen.

---

[13] Müller 2011
[14] Becker/Roth 2013
[15] Klie 2013
[16] Hartig 2014
[17] Burkhardt 2016
[18] Bspw. Smith/ Bender 2016; Gehne 2012; Schrameyer 2004; Lange 1994; Schrameyer 1994; Bätge/Drysch u. a. 2017

Diese „Sonderstellung"[19] oder „Sonderrolle" wurde von Literatur und Rechtsprechung in der Vergangenheit vielfach thematisiert. Danach nimmt der kommunale Wahlbeamte eine „eigenartige Sonderstellung innerhalb der Beamtenschaft"[20] ein; er ist „ein besonders gearteter Beamtentyp sui generis"[21]; er steht im „Schnittpunkt von „politischer Willensbildung und fachlicher Verwaltung" [22], der „staatlichen Zentralverwaltung und der gemeindlichen Selbstverwaltung"[23], „der politisch ausgerichteten Bürgerschaft und dem bürokratischen Verwaltungsapparat" [24] bzw. er steht an der Schnittstelle von „Verwaltung und Verwirklichung des Demokratieprinzips" [25] und „ zwischen dem Beamtenrecht und dem Kommunalrecht"[26].

Woher kommt diese Sonderrolle? Worin zeigt sie sich heute?

Sie ist das Ergebnis der geschichtlichen Entwicklung der kommunalen Selbstverwaltung, des Verhältnisses zwischen Staat und Kommunen und der dabei dem Bürgermeister zukommenden Rolle und der Umsetzung dieser Traditionen im demokratischen Verfassungsstaat des Grundgesetzes und den Kommunalverfassungen der Bundesländer. Der Grundgesetzgeber hat dabei die Gemeinden im Verhältnis zum Staat, obwohl älter als dieser, nicht als eigenständige „vorstaatliche" Gemeinschaften angesehen, denen Hoheitsrechte quasi von Natur aus zustehen. [27]

Dem liegt die Überzeugung zugrunde, dass innerhalb des staatlichen Hoheitsgebiets eines Staats nur dem Staat selbst originäre Herrschaftsgewalt zukommen kann. Die Gemeinden werden daher

---

[19] Görg 1958, S. 65; Stober S. 8
[20] Becker 1960, S. 38
[21] Seeger 1960, S. 10
[22] Heinz 2015, S. 79; Priebe 1997, S. 297; BVerwG, Urt. vom 14.7.1978 – VII C 45.76 - , BVerwGE 56, 163
[23] Stober 1982, S. 39; Meyer 1964, S. 10
[24] Lohmann 1978, S. 66; Pappermann 1968, S. 299
[25] Burkhardt 2016, S. 283
[26] Heinz 2015, S. 79; BVerfG, Urt. vom 17.10.1957 – 1 BvL 1/57 - BVerfGE 7,155
[27] BVerfG, Beschl. vom 8.7.1982 – 2 BvR 1187/80, BVerfGE 61,82; BVerwG, Urt. vom 4.8.1983 – 7 C 2.8-, BVerwGE 67,321

der inneren Gliederung der Länder zugewiesen (vgl. Art. 28 GG) und dort dem Bereich der „Verwaltung" zugeordnet, die ihre Angelegenheiten im Rahmen der Gesetze unter eigener Verantwortung „verwalten" (vgl. Art. 71 Abs. 1 LV BW). Daneben wird ihnen aber – anknüpfend an das historische Verhältnis von Staat und Gemeinde – die Mithilfe bei der Erfüllung staatlicher Angelegenheiten auferlegt (vgl. Art. 71 Abs. 3 LV BW), deren Erledigung allein dem Bürgermeister unter staatlicher (Fach-)Aufsicht - quasi als Vertreter des Staates in der Gemeinde - zugewiesen wird. Auch dieser Doppelcharakter [28] dieses Amts – die Gemeinde auch gegen die Herrschaft bzw. den Staat zu repräsentieren und gleichzeitig Vertreter und Wahrer der Interessen des Staats in der Gemeinde zu sein - hat historische Wurzeln. [29] Da die Gemeinde ein Teil der Verwaltung ist, sie also zu „verwalten" hat (eigene und fremde Angelegenheiten), ist auch der Bürgermeister ein Verwalter, der inzwischen nach der Reform der Kommunalverfassungen in den 1990er Jahren in allen Bundesländern als hauptamtlicher Beamter auf Zeit tätig ist. Seine Rechtstellung unterscheidet sich aber erheblich von der eines „klassischen" Beamten: Bestellung durch Wahl; Beamtenstatus nur auf Zeit; Möglichkeit der Abwahl; keine Vorbildung für das Amt erforderlich, der Wähler entscheidet, wen er für geeignet hält; kein Dienstvorgesetzter und noch weitere Besonderheiten[30] im Verhältnis zum Beamten auf Lebenszeit. Diese Besonderheiten, die auch bei Politikern zu finden sind, und sein Einfluss auf die gemeindliche Selbstverwaltung lassen ihn trotz seiner Eigenschaft als Beamter auch als Politiker erscheinen.

Gemeinden als Ort der Politik?

Im Bürgermeister einen Politiker zu sehen, setzt aber voraus, dass in der Gemeinde überhaupt Politik stattfindet und er, der Bürgermeister, auch daran beteiligt ist. Diese Überzeugung war nicht immer vorhanden. Für die ältere Kommunalrechtswissenschaft fand –

---

[28] Mußgnug 2011, S. 253 spricht von einer „eigenartigen Zwitterstellung": Sie sind einerseits Repräsentanten ihrer Wähler und andererseits als Beamte in die staatliche Bürokratie eingebettet.
[29] Vgl. Wehling/ Siewert 1984, S.47; Smith 2016, S. 5 ff.; Wehling 21.01.2007a
[30] Dazu Smith 2016, S. 5

anknüpfend an die Zuordnung der Gemeinden zur Verwaltung – in der Gemeinde keine Politik[31] statt, sondern es ging dort nur um sachliche Entscheidungen, die die Gemeindevertretung traf und die die Verwaltung durch den Bürgermeister ausführte. Der Blick auf die Realität, die „Verfassungswirklichkeit", verhalf dann der Ansicht zum Durchbruch, dass auch in den Gemeinden Politik stattfindet und der Bürgermeister darin involviert ist. Mit dieser Einsicht konnte das Bundesverfassungsgericht[32] auch die Abwahl eines beamteten Bürgermeisters in Hinblick auf das Beamtenrecht rechtfertigen. Diese geänderte Sicht auf die Gemeinde - als Arbeitsorganisation und politischer Organisation in einem - beflügelte auch die Politikwissenschaft[33], sich mehr der Kommune zuzuwenden und dort die Zusammenhänge zwischen Politik und Verwaltung näher in den Blick zu nehmen.

Dazu gehört auch die 1984 erschienene Studie von Wehling/Siewert, die erstmals – ausgehend vom Bürgermeister in Baden-Württemberg – in einem Ländervergleich die politischen Gestaltungsmöglichkeiten von Bürgermeistern untersuchten. Sie kamen zu dem Ergebnis, dass „Bürgermeister in Deutschland nicht gleich Bürgermeister"[34] sei, da die nach dem Krieg in Deutschland eingeführten Kommunalverfassungstypen[35] durch ihre unterschiedliche rechtliche Ausgestaltung des Amts des Bürgermeisters unterschiedliche Möglichkeiten der Politikgestaltung bieten würden.

Ihre Analyse ergab, dass dem Bürgermeister in Baden-Württemberg durch die in der Gemeindeordnung getroffenen Regelungen die dominierende Rolle im kommunalpolitischen Willensbildungsprozess zukommt.[36] Seine Stärke beruht darin, dass

---

[31] Vgl. Holtmann/Rademacher/Reiser 2017, S. 124; Bogumil/ Holtkamp 2013, S. 10; Peters 1956, S. 3 ff.

[32] Vgl. Urt. vom 17.10.1957, a. a. O.

[33] Vgl. hierzu Kleinfeld 1996, S. 25 ff.; Holtmann/Rademacher/Reiser 2017, S. 124

[34] Wehling/ Siewert 1984, S. 17

[35] Vgl. dazu im einzelnen Schrameyer 2006, S. 48; Naßmacher/Naßmacher 2007, S. 42 ff.; Wehling/Kost 2010, S. 8 ff.; Wehling 26.1.2007b

[36] Vgl. Wehling/Siewert 1984, S. 144

er wichtige Führungspositionen in einer Person vereinigt. [37] So ist er Mitglied und Vorsitzender des Gemeinderats und aller seiner Ausschüsse mit Stimmrecht, ist Chef einer auf ihn zugespitzten Verwaltung und Rechtsvertreter und Repräsentant der Gemeinde nach innen und außen. Damit gehört er sowohl dem politischen wie dem administrativen Bereich der Kommune an. Durch diese „Funktionsbündelung"[38] ist er als einziges Mitglied der kommunalen Volksvertretung in allen Phasen eines kommunalpolitischen Entscheidungsprozesses beteiligt. [39] Er steuert die Entscheidungsvorbereitung durch die Aufstellung der Tagesordnung, ist bei der Beschlussfassung im Gemeinderat beteiligt und die Entscheidungsdurchführung ist dann wiederum alleine seine Sache. Hinzu kommt, dass er - ohne auf politische Parteien bei der Aufstellung angewiesen zu sein - unmittelbar von der Bevölkerung auf die bundesweit längste Amtszeit von 8 Jahren gewählt wird und nicht abwählbar ist. Im Alltag der Kommunalpolitik läuft in Baden-Württemberg zumeist alles auf ihn zu. Dort, wo alle Fäden zusammenlaufen, sitzt er wie eine „Spinne im Netz"[40]. Er ist in der Regel das Initiativzentrum, das konkrete Willensbildungsprozesse auslöst und den Gemeinderat mit Entscheidungsfragen befasst und auch das Reaktivzentrum, dem Handeln abverlangt wird, wenn Probleme auf die Gemeinde zukommen. Die Legitimation durch das Volk verleiht ihm gegenüber dem Gemeinderat eine eigene Machtbasis. Die Volkswahl macht ihn auch zum ersten Ansprechpartner der Bürger in Sachen Kommunalpolitik, und zwingt auch den Bürgermeister sich dort „rückzukoppeln" und präsent zu sein („Ärmelzupf-Demokratie")[41]. Auch für Seeger[42] ist er die zentrale Figur in der örtlichen Politik, ihr Hauptakteur und Steuermann, wobei von den Rollen des Kommunalpolitikers, des Verwaltungschefs und

---

[37] Vgl. Witt 2016, S. 208
[38] Vgl. Wehling 2010a, S. 24
[39] Zur Machtfülle baden-württembergischer Bürgermeister vgl. auch Kern 2016, S. 249; Wehling 1991, S. 163
[40] So Wehling/Siewert 1994, S. 144
[41] So Wehling/Siewert 1984, S. 26
[42] Seeger 1995, S. 43; ebenso Kern 2016, S. 150

des Repräsentanten die des Kommunalpolitikers für Seeger die wichtigste ist. Diese anspruchsvollen Funktionen und Rollen verlangen allerdings nach besonderen Eigenschaften[43], so dass die Kommunalverfassung im Land Baden-Württemberg und seine Traditionen[44] im Verhältnis zu den anderen Bundesländern[45] ihren eigenen Bürgermeistertyp[46] und eine eigene politische Kultur[47] in den Kommunen hervorgebracht haben.

Konvergenz der Kommunalverfassungen

Gerade dieser starke, vom Volk direkt gewählte Bürgermeister und seine Stellung zum Gemeinderat sowie die weitere Ausgestaltung der GemO BW (wie z.B. der im Verhältnis zu anderen Bundesländern geringe Parteieneinfluss durch die Möglichkeit des Panaschierens und Kumulierens bei der Gemeinderatswahl, der Existenz von Bürgerbegehren und Bürgerentscheid) wurden in der Diskussion[48] um die beste Kommunalverfassung als Vorbild angesehen, weil sie die starke Stellung des Verwaltungschefs mit direktdemokratischen Elementen verbindet. Insbesondere Banner („Starke Rathäuser braucht das Land")[49] sah in diesem Modell im Vergleich zu dem nordrhein-westfälischen System auch die Chance für eine Steigerung der Effizienz des kommunalpolitischen Entscheidungsprozesses und für einen besseren „Output"[50].

Vor diesem Hintergrund kam es ausgehend von den neuen Bundesländern[51], die sich nach der Wiedervereinigung erstmals neue Kommunalverfassungen geben mussten, zu Beginn der 1990er Jahre

---

[43] Vgl. Knemeyer 1998, S. 29 ff.

[44] Vgl. hierzu Wehling 2010a, S. 22; Wehling 1991, S. 31 ff.; Wehling/Siewert 1984; S. 46 ff.

[45] Näheres zur Kommunalpolitik in den anderen Ländern vgl. Kost/Wehling 2010, S. 40 ff.

[46] Dazu Witt 2016, S. 210 ff. und Witt 2009, S. 345

[47] Hierzu Bausinger 1981, S.13 ff.

[48] Vgl. Arnim 1990, S. 85

[49] Banner 2016, S. 222

[50] Hierzu vgl. Kleinfeld 1996, S. 131 und S. 146 ff.; Holtkamp 2005, S.14 ff.; Banner 1987; S. 23

[51] Zum ostdeutschen Reformprozess vgl. insbesondere Kleinfeld/Nendza 1996, S.113 ff.

in ganz Deutschland zu einer Reformwelle in Richtung süddeutsche Ratsverfassung baden-württembergischer Prägung (sog. „Siegeszug der süddeutschen Ratsverfassung")[52]. Bis auf Baden-Württemberg änderten in den 1990 Jahre auch alle Flächenländer im Westen ihre Kommunalverfassungen. Dabei ging es einmal unter Zurückdrängen des Parteieneinflusses um „Mehr Demokratie" in der Gemeinde durch mehr Mitwirkungsmöglichkeiten der Bürger (Direktwahl des Bürgermeisters mit Abwahlmöglichkeit, Bürgerbegehren und Bürgerentscheid, Panaschieren und Kumulieren) und um „Mehr Effizienz" durch nur einen dafür verantwortlichen und direkt gewählten Bürgermeister als Verwaltungschef.[53] Auch nach dieser Angleichung an das baden-württembergische Modell gibt es aber weiterhin Unterschiede in den einzelnen Kommunalverfassungen, die sich auch mehr oder weniger auf das Machtpotenzial des Bürgermeisters[54] auswirken. Um dieses zu beschreiben, stellt man nach der Konvergenz der Kommunalverfassungen auf das „Konzept der institutionellen Stärke"[55] ab. Dazu werden einzelne Punkte der Kommunalverfassungen, die Einfluss auf das Machtpotenzial des Bürgermeisters haben, bewertet. Zusammengerechnet ergeben sie das Machtpotenzial des Bürgermeisters eines Bundeslandes. Die Bürgermeister in Baden-Württemberg verfügen danach im Bundesvergleich weiterhin über das größte Machtpotenzial im Bundesvergleich.

Diese ausführliche Darstellung der Machtfülle des Bürgermeisters in Baden-Württemberg und ihre Entwicklung in den anderen Bundesländern ist für die Thematik der Arbeit unter mehreren Aspekten wichtig und bedeutsam:

---

[52] Schrameyer 2006, S. 53
[53] Zu den Motiven und dem Verlauf des Reformprozesses vgl. Wehling 2010a, S. 13 und Wehling 2010b, S. 351 ff.; Holtkamp 2006, S. 13 ff.; Kleinfeld/Nendza 1996, S. 73 ff.; Anim 2002, S. 585 und 1997, S. 297
[54] Hierzu vgl. Schleer 2014, S. 35 ff.; Schäfer 2011, S. 29; Naßmacher/Naßmacher 2007, S. 204; Holtkamp 2006, S. 19 ff.
[55] Vgl. Bogumil/Holtkamp 2013, S. 38; Gehne 2012, S. 30; Egner 2007, S. 98

Auch wenn er überall zum wichtigsten Akteur in der Kommunalpolitik geworden ist, versieht er in Baden-Württemberg und in den anderen Ländern sein Amt bis heute als Beamter auf Zeit, was ihn weiterhin grundsätzlich dem Beamtenrecht mit seinen Regelungen über den Eintritt in den Ruhestand aus Altersgrenzen unterwirft (vgl. 2.1). Die Frage, ob er eigentlich nicht mehr „Politiker" als „Beamter" ist, stellt sich damit nach der Konvergenz der Kommunalverfassungen inzwischen in allen Bundesländern in vergleichbarer Weise.

Die bis dahin unterschiedliche Ausgangslage bei den Kommunalverfassungen hat dazu beigetragen, dass Höchstaltersgrenzen für kommunale Wahlbeamte in der Nachkriegszeit und auch während des Reformprozesses kein Thema waren. Auch in der Rechtsprechung finden sich bis zur Jahrtausendwende nur wenige Entscheidungen hierzu, die ausnahmslos Höchstaltersgrenzen für Bürgermeister als rechtmäßig erachten.

Höchstaltersgrenzen werden aktuell

Ab diesem Zeitpunkt setzt allerdings eine Entwicklung ein, die auch das Thema Höchstaltersgrenzen für Bürgermeister auf die Tagesordnung gesetzt hat. Ursächlich hierfür sind drei miteinander in Beziehung stehende Aspekte: Die demografische Entwicklung, das Entstehen neuer Altersbilder und die erstmalige Schaffung von Rechtsregeln für an das Alter anknüpfende Ungleichbehandlungen (vgl. 2.2).

1.4 Forschungsfragen

Die Recherche in der wissenschaftlichen Literatur über den zum Thema Höchstaltersgrenzen von Bürgermeistern vorhandenen Erkenntnisstand und dessen Aufbereitung ergibt, dass die Erkenntnisse hierzu und die Elemente, die zum Verständnis der Thematik beitragen, aus unterschiedlichen Bereichen und Quellen stammen. Dazu gehört die Rechtswissenschaft, die die vorhandenen Normen auch in ihren rechtshistorischen und rechtssoziologischen Bezügen sowie rechtsvergleichend in den Blick nimmt und im

Rahmen der Rechtsprechung einer rechtlichen Prüfung unterwirft. Dazu zählt auch die Politikwissenschaft, die sich der Wirklichkeit annimmt, die untersucht, wie sich Normen auswirken, wie diese z. B. einen Bürgermeister auch zum Politiker werden lassen. Und die sich damit befasst, welche Motive und Prämissen den Gesetzgeber bei der Entscheidung leiten, wie eine Norm aussehen soll (Höchstaltersgrenzen - Ja oder Nein? Welche Ausgestaltung?). Ferner haben Erkenntnisse anderer Wissenschaften wie z.B. der Altersforschung Einfluss auf diese Entscheidungsprozesse und den rechtlichen Bereich. Diese Zusammenhänge sichtbar zu machen führt zu der ersten forschungsleitenden Frage:

1. In welcher Beziehung stehen Recht, Gesellschaft und Politik für die Thematik der Arbeit? Wie wirken sie aufeinander ein?

Die Antwort hierauf verhilft zu einem umfassenderen Blick auf die Problematik und hilft besser zu verstehen, was ist bzw. warum etwas ist, wie es ist. Dazu hat bereits die Darstellung des Forschungsstandes einen rahmenden Beitrag für diese Arbeit geleistet. Daran schließt sich die zweite forschungsleitende Frage an:

2. Inwieweit trifft die in der Literatur[56] vertretene Ansicht zu, dass sich die Akteure im politischen Entscheidungsprozess bei der Thematik Höchstaltersgrenzen für Bürgermeister jeweils von ihrer Blickrichtung auf das Amt des Bürgermeisters (Beamter/Verwaltung versus Politiker/Demokratie) leiten lassen?

Dem soll hauptsächlich durch eine Untersuchung der Entwicklung der Höchstaltersgrenzen in Baden-Württemberg nachgegangen werden, da in diesem Bundesland bis heute alle Regelungsmöglichkeiten vorkamen. Dies führt zur dritten forschungsleitenden Fragestellung und damit zusammenhängender Fragen:

3. Ist die letzte Reform 2015 in Baden-Württemberg in Hinblick auf den im Bundesgebiet noch andauernden Diskurs über Höchstaltersgrenzen als Schlusspunkt für das Land oder als

---

[56] Vgl. Schmith 2016, S. 23

Zwischenschritt anzusehen? Gibt es schon Auswirkungen? Sind alle politischen Akteure und Betroffenen mit der Reform „zufrieden"? Wie bewerten sie diese? Wer sieht weiteren Reformbedarf? Gibt es solchen und warum?

Von ihren Fragestellungen her stellt sich die Arbeit als interdisziplinäres Projekt dar. Der Umstand, dass sie dabei überwiegend an die Regelungen in Baden-Württemberg anknüpft und dieses Bundesland den Gegenstand der weiteren Untersuchungen bildet, rechtfertigt auch ihren Titel. Sie weist Relevanz für Theorie und Praxis auf, indem sie nicht nur für den wissenschaftlichen Diskurs, sondern auch für künftige Entscheidungsprozesse neue Blickwinkel eröffnen kann.

1.5 Forschungsdesign

Zur Beantwortung von Forschungsfragen bedient sich die Wissenschaft unterschiedlicher wissenschaftlicher Methoden. Diese betreffen sowohl die Phase der Datenerhebung (wie kommt man zu Daten?) als auch die Phase der Datenauswertung (mit welchen Methoden werden diese ausgewertet?). Die Auswahl der jeweiligen Methoden hängt dabei im Wesentlichen von den forschungsleitenden Fragen ab, auf die die betreffende Arbeit Antworten geben will.[57]

Für die Bearbeitung der ersten Forschungsfrage dieser Arbeit werden insoweit im Rahmen einer Sekundäranalyse mittels Literaturrecherche vorhandene Daten und Erkenntnisse erschlossen und mittels qualitativer Inhaltsanalyse[58] ausgewertet.

Ein solches Forschungsdesign liegt auch der Bearbeitung der zweiten Forschungsfrage zugrunde, wobei hier das Auffinden und die Auswertung relevanter Landtagsdrucksachen und Plenarprotokolle im Fokus stehen.

Im letzten Teil der Arbeit geht es im Wesentlichen um die Bewertung der Reform 2015, um weitere Reformabsichten und möglichen

---

[57] Vgl. Reichertz 2014, S. 71
[58] Vgl. dazu Keese/Zimmermann 2012

Reformbedarf. Hierfür liefert eine Sekundäranalyse kein ausreichendes Datenmaterial. Daher hat sich der Verfasser entschlossen, dazu selbst Daten zu erheben. Das gewählte wissenschaftliche Mittel hierzu ist die Befragung[59]. Diese zielt darauf ab, Auskünfte und Stellungnahmen der Befragten zu speziellen Sachverhalten zu bekommen, insbesondere über ihre Einstellungen, Meinungen und Absichten.

Vor einer Befragung waren zwei Fragen zu klären: Wer soll befragt werden und auf welche Art und Weise soll dies geschehen (mündlich, schriftlich, online, mit standardisiertem Fragebogen oder Leitfadeninterview, offene oder geschlossene Fragen)?

Der Verfasser hat sich dafür entschieden, drei unterschiedliche Zielgruppen zu befragen.

Die erste Zielgruppe bilden die Akteure, die über die Reform 2015 entschieden und über weitere Änderungen der Höchstaltersgrenzen zu befinden haben. Dies sind die Landtagsabgeordneten in Gestalt der im Landtag vertretenen Fraktionen der CDU, der Grünen, der SPD, der FDP/DVP und der AfD. Zur Gruppe zählen auch die Akteure, die als sogenannte Interessenverbände bei der Thematik auf die Entscheidungen im Landtag Einfluss nehmen. Dies sind der Städtetag Baden-Württemberg, der Gemeindetag Baden-Württemberg und der Verband Baden-Württembergischer Bürgermeister. Hinzu kommt noch das für das Kommunal- und Beamtenrecht zuständige Innenministerium.

Die zweite Zielgruppe bilden die von der Reform 2015 betroffenen Bürgermeister in Baden-Württemberg.

Zu der dritten Zielgruppe gehören diejenigen Personen, die schon von der Reform 2015 „profitiert" haben.

---

[59] Vgl. zu den möglichen Befragungsarten Beithe 2015, S. 56

Die Unterschiedlichkeit der Zielgruppen ist auch Ursache dafür, dass die Art und Weise, wie sie befragt wurden, aus zeitlichen, finanziellen und methodischen Gründen ebenfalls unterschiedlich war.

Die Mitglieder der ersten Gruppe wurden schriftlich und per Email um die Beantwortung von Fragen gebeten, deren Anzahl und Formulierungen je nach Besonderheiten des Befragten etwas differieren (vgl. Anlagen 1-6; 12-14). Bis auf die AfD-Landtagsfraktion haben alle Befragungsadressaten geantwortet (vgl. Anlagen 7-11, 15-17). Jeder Anfrage war dabei – wie auch bei den Bürgermeisterbefragungen und allen anderen Anfragen bei Behörden und Institutionen – ein Empfehlungsschreiben (vgl. Anlage 25) der Hochschule für öffentliche Verwaltung Kehl beigefügt.

Eine Befragung aller Bürgermeister in Baden-Württemberg zur Reform 2015 kam aus zeitlichen und finanziellen Gründen nicht in Betracht. Dies gilt auch für die Durchführung einer repräsentativen Stichprobe. Der Verfasser hat daher per Zufall je einen badischen (Rastatt) und württembergischen Landkreis (Tübingen) ausgewählt und die Bürgermeister der darin gelegenen Gemeinden (vgl. Anlagen 20 - 21) – insgesamt 38 Personen – befragt. Die Ergebnisse dieser Befragung sind zwar nicht repräsentativ, sie sind aber dennoch von Aussagewert, weil die Meinungen der befragten Bürgermeister wesentliche Aspekte einer möglichen Einstellung von Bürgermeistern zur Reform aufzeigen. Die Befragung erfolgte mittels eines standardisierten Fragebogens[60], der vier Fragen mit jeweils drei Antwortmöglichkeiten enthielt (vgl. Anlage 19), die deskriptiv ausgewertet wurden. Da diese Erhebungs- und Auswertungsmethode nur erkennen lässt, wieviel Prozent der Befragten eine bestimmte Meinung haben, aber nicht welche Gründe dieser zugrunde liegen, wurden die Antwortmöglichkeiten um die offene Antwortmöglichkeit „Gründe" erweitert, bei der die Befragten mit eigenen Worten ihre gewählte Antwort begründen konnten. Der Befragung lagen insoweit

---

[60] Vgl. dazu Reinecke 2014, S. 601 ff.

quantitative und qualitative Methoden zugrunde (sog. mix-methods)[61].

Sie wurde aus forschungsökonomischen Gründen als Online-Befragung[62] durchgeführt. Dazu wurden die Bürgermeister mittels personalisierten E-Mails angeschrieben und sie in diesem (Begleit-)Schreiben (vgl. Anlage 18) gebeten, den Fragebogen mittels Link online auszufüllen. Als Plattform hierfür und für die anschließende Auswertung wurde das Programm Grafstat[63] benutzt. An der Befragung beteiligten sich 22 von 38 Bürgermeistern (Rücklauf = 57, 89 %).

Für den dritten zu befragenden Personenkreis stellte sich die Frage, ob überhaupt „Nutznießer" der Reform 2015 schon vorhanden sind, in zweierlei Hinsicht:

1. Gibt es nach dem Inkrafttreten der Reform am 1.2.2016 schon Kandidaten für das Bürgermeisteramt, die nach altem Recht nicht antreten durften und nun erstmals mit 65, 66 oder 67 Jahren zum Bürgermeister gewählt oder wiedergewählt wurden?

2. Gibt es bei den nach diesem Datum gewählten jüngeren Bürgermeistern solche, die von der Anhebung der Ruhestandsalters auf 73 Jahre dadurch „profitierten" - für die im Zeitpunkt des Inkrafttretens der Reform im Amt befindlichen Bürgermeister gilt weiterhin die Altersgrenze von 68 Jahren -, dass sie nun nicht vor Ablauf ihrer Amtszeit mit 68 Jahren in den Ruhestand treten müssen, also neu- oder wiedergewählte Bürgermeister im Alter von 61, 62, 63 oder 64 Jahren?

Nutznießer der Reform waren zwar auch die Bürgermeister, die im Zeitraum vom 1.2.2016 bis zum gewählten Stichtag 30.9.2017 ihre achtjährige Amtszeit beendet haben und 65 Jahre und älter gewesen sind, sich aber einer erneuten Wahl nicht mehr gestellt haben. Denn

---

[61] Vgl. hierzu Kelle 2014, S. 153 ff.
[62] Vgl. hierzu Wagner/ Hering 2014, S. 661 ff.
[63] Vgl. Grafstat o.D.

sie hätten durch die Anhebung der Wählbarkeitsgrenze auf 68 Jahre noch einmal kandidieren können.

In dem genannten Zeitraum fanden in Baden-Württemberg 216 Bürgermeisterwahlen statt. Zu klären, bei welcher dieser Wahlen ein Bürgermeister nicht mehr zur Wiederwahl angetreten ist, obwohl ihm die Reform 2015 die Möglichkeit dazu eröffnet hat, war jedoch im Rahmen dieser berufsbegleitenden Arbeit ebenso wenig möglich wie eine Befragung aller Bürgermeister. Schon die Beantwortung der beiden oben aufgeworfenen Fragen gestaltet sich schwierig, da im Staatsanzeiger Baden-Württemberg, der über alle Wahlergebnisse berichtet, nicht immer das Alter der gewählten und nicht gewählten Kandidaten angegeben wird. Auch schriftliche Anfragen des Verfassers bei allen Regierungspräsidien und beim Statistischen Landesamt Baden-Württemberg zu Kandidaten mit 65 Jahren und älter halfen im Ergebnis nicht weiter. Der Staatsanzeiger ermittelte auf Bitten des Verfassers aufgrund seiner Unterlagen, dass es im Zeitraum vom 1.2.2016 bis zum 30.9.2017 bei 216 Bürgermeisterwahlen 23 Kandidaten im Alter von 65 und älter gegeben hat.

Durch eigene Recherchen stellte sich heraus, dass dies 22-mal derselbe Kandidat der „Nein-Partei" gewesen war.

Nur in der Gemeinde Korb gab es bei der Bürgermeisterwahl am 12.3.2017 mit dem 65 jährigen Manfred Heinrich einen ernstzunehmenden Bewerber. Der ehemalige langjährige Gemeinderat konnte gegen den amtierenden Bürgermeister immerhin respektable 32,12 % erzielen. Grund für seine Kandidatur war unter anderem ein umstrittenes Schulbauprojekt. Realistische Chancen rechnete er sich nicht aus.[64]

Seine Kandidatur war eher als Protest gegen das Schulbauprojekt und weitere Vorhaben und den Bürgermeister zu sehen. Da das Alter für die Kandidatur und im Kontext der Kandidatur keine Rolle spielte, geht der Verfasser nicht näher auf die Wahl in Korb ein.

---

[64] StN 15.2.2017

Weitere Recherchen des Verfassers zu den Kandidaten auf den Webseiten der Gemeinden mit Bürgermeisterwahlen nach dem Inkrafttreten der Reform 2015 ergaben bei drei Bürgermeisterwahlen „Nutznießer" der Anhebung der Ruhestandsaltersgrenze für hauptamtliche Bürgermeister: In der Gemeinde Steinmauern (Landkreis Rastatt, 3000 Einwohner, Amtsinhaber Siegfried Schaaf im Alter von 61 Jahren am 8.5.2016 wiedergewählt), der Stadt Stockach (Wiederwahl des Amtsinhabers Rainer Stolz am 24.9.2017 mit 61 Jahren) und in der Gemeinde Waldbronn (Landkreis Karlsruhe, 12.000 Einwohner), in der der Amtsinhaber Franz Masino im Alter vom 64 Jahren am 12.3.2017 erneut mit 53,14 % gewählt wurde und der am Ende seiner Amtszeit 72 Jahren sein wird. Sein schärfster Herausforderer, der erst 30 jährige Jonathan Berggötz, konnte 41,96 % erzielen. [65]

Mit dem bisher größten „Nutznießer" der Reform 2015 – Bürgermeister Masino - hat der Verfasser am 6.10.2017 ein leitfadengestütztes face-to-face-(Experten-) Interview[66] (vgl. Anlage 23) über die Reform 2015 und damit einhergehender Fragen geführt. Dies betrifft auch die Frage, inwieweit sein Alter Wahlkampfthema war, das durch die Anhebung der Wählbarkeitsgrenze durch die Reform noch mehr an Bedeutung gewinnen könnte. Dazu hat der Verfasser auch mit dem jungen Gegenkandidaten Berggötz ein Interview (vgl. Anlage 24) geführt, das auf dessen Wunsch schriftlich erfolgte.

1.6 Aufbau der Arbeit

Im ersten Kapitel wird zunächst der Hintergrund der Arbeit aufgezeigt, ihre Zielsetzung erörtert und grundlegende Begriffe definiert. Daran schließt sich die Darstellung des Forschungstandes an. Dieser bildet die Grundlage für die Festlegung der Forschungsfragen. Die wissenschaftlichen Methoden zur Beantwortung der aufgeworfenen Forschungsfragen werden sodann im Forschungsdesign beschrieben.

---

[65] Gemeinde Waldbronn 12.3.2017
[66] Vgl. hierzu Helfferich 2014, S. 559 ff. und S. 570 ff.

Im zweiten Kapitel werden die drei Bereiche, die für die Gestaltung der Höchstaltersgrenze von Bedeutung sind, aufbereitet. Das Kapitel wird dazu in drei Abschnitte gegliedert und jedem Abschnitt ein Bereich zugeordnet. Im ersten Abschnitt RECHT werden zuerst die Höchstaltersgrenzen im Gefüge des Kommunal- und Beamtenrechts verortet und dann die Zwecke der kommunalrechtlichen Wählbarkeitshöchstgrenze und der beamtenrechtlichen Ruhestandsaltersgrenze erläutert. Ein Überblick über die Rechtsprechung zu den Höchstaltersgrenzen für Bürgermeister schließt sich an. Im folgenden Abschnitt GESELLSCHAFT werden gesellschaftliche Entwicklungen wie der demografische Wandel, die Entstehung neuer Altersbilder und neue europäische Regelungen gegen Altersdiskriminierung dargestellt, ihre Relevanz für die rechtliche Zulässigkeit von Höchstaltersgrenzen thematisiert und die Reaktion der Rechtsprechung auf diese Entwicklungen untersucht. Im letzten Abschnitt POLITIK steht der Entscheidungsprozess des Gesetzgebers im Mittelpunkt. Dabei werden zunächst die Entscheidungsoptionen im Hinblick auf die Höchstaltersgrenzen verdeutlicht. Dann folgt eine Übersicht über die in den einzelnen Bundesländern hierzu getroffenen Regelungen. Abschließend wird der politische Diskurs auf Parlamentsebene zu Höchstaltersgrenzen auf wiederkehrende Argumentationslinien im Entscheidungsprozess analysiert.

Das dritte Kapitel ist der Entwicklung der Regelungen über Höchstaltersgrenzen für Bürgermeister in Baden-Württemberg gewidmet.

Das vierte Kapitel befasst sich mit den bisherigen Auswirkungen der Reform 2015, der Bewertung der Reform durch die Landespolitik und Interessenverbände und deren weiteren Reformabsichten. Dazu werden die Ergebnisse der Befragung mitgeteilt. Anschließend wird die Meinung der Bürgermeister und bisheriger Reform-Nutznießer zur Reform 2015 in den Blick genommen. Dies geschieht durch die Auswertung der Fragebogenerhebung und der geführten Interviews. Danach nimmt der Verfasser eine eigene Bewertung zur Thematik Höchstaltersgrenzen für Bürgermeister vor.

Das fünfte Kapitel geht der Frage nach, ob die Aufhebung der Höchstaltersgrenzen auch die Schaffung einer Regelung über die Abwahl von Bürgermeistern zur Folge haben muss.

Im sechsten Kapitel werden die wesentlichen Ergebnisse der Arbeit zusammengefasst und abschließend mögliche Entwicklungen im Zusammenhang mit Höchstaltersgrenzen für Bürgermeister beleuchtet.

2. Implikationen: Das Beziehungs-geflecht zwischen Recht, Gesellschaft und Politik für die Gestaltung von Altersgrenzen für Bürgermeister

2.1 Recht

2.1.1 Höchstaltersgrenzen im Gefüge des Kommunal- und Beamtenrechts

Das Recht der kommunalen Wahlbeamten ist im Kommunalrecht und im Beamtenrecht geregelt. Darin liegt auch die Ursache für ihre oben beschriebene Sonderstellung (vgl. 1.3).

Kommunalrecht ist seit Gründung der Bundesrepublik nach dem Grundgesetz Ländersache[67] (vgl. Art. 70 Abs. 1 GG). Dazu gehört auch das Kommunalverfassungsrecht. Darunter versteht man das Organisationsrecht zur Verteilung der Aufgabenerledigung auf die einzelnen Gemeindeorgane und die Festlegung ihrer Rechtsstellung sowie Vorschriften über ihre Wahl und Befugnisse.[68] Dies zu regeln, ist keine Angelegenheit der örtlichen Gemeinschaft, die nach Art. 28 Abs. 2 GG der einzelnen Gemeinde obliegt. Vielmehr entscheiden die einzelnen Bundesländer jeweils für sich, wie die Kommunalverfassung in ihren Ländern aussehen soll.[69] Dies hat zur Entstehung der unterschiedlichen Kommunalverfassungen nach dem Krieg beigetragen. Bis auf wenige Ausnahmen enthalten weder das Grundgesetz noch die Landesverfassung BW Vorschriften, die der Landesgesetzgeber bei der Ausgestaltung seines

---

[67] Vgl. Fleckenstein 2016, S. 64
[68] Vgl. Stober 1982, S. 20
[69] Vgl. Stober 1996, S. 26

Kommunalverfassungsrechts zu beachten hat. Dazu gehört nach Art. 28 Abs. 2 GG und Art. 26 Abs. 8 und Art. 72 der Landesverfassung BW, dass in den Gemeinden das Volk eine Vertretung haben muss, die aus allgemeinen, freien, gleichen und geheimen Wahlen hervorgegangen ist. Zur Wahl des Bürgermeisters und seiner Rechtsstellung finden sich keine ausdrücklichen Vorschriften. Das demokratische Prinzip, wonach alle Staatsgewalt vom Volke ausgeht (vgl. Art 20 Abs. 1 GG), das auch für die Gemeinden gilt, erfordert aber auch für den Bürgermeister, der in seinem Amt staatliche Gewalt ausübt, eine Legitimation, die sich auf das Volk – hier die Bürger der Gemeinde – zurückführen lässt. Das bedeutet unter der Geltung des GG, dass ein Bürgermeister direkt von der Bevölkerung oder der von ihr gewählten Vertretung – dem Gemeinderat – gewählt werden muss. Da in der Demokratie Macht immer nur auf Zeit vergeben wird (beim Bürgermeister auf eine bestimmte Amtszeit), muss diese Legitimation durch einen demokratischen Willensakt erneuert werden, wenn ein Bürgermeister nach Ablauf der Amtszeit das Amt weiterhin ausüben will[70]. Diesen Vorgaben wurde in der GemO BW in § 45 (Wahl durch die Bürger) und § 42 Abs. 3 (Amtszeit 8 Jahre) Rechnung getragen. Fast alle anderen Bundesländer haben sich bis zur Reform der Kommunalverfassungen (vgl.1.3) für eine Wahl des Bürgermeisters durch den Rat entschieden. Nähere Voraussetzungen über die Anforderungen an die Kandidaten kann der jeweilige Landesgesetzgeber regeln. Dazu zählt auch die Festsetzung einer Altersgrenze, bis zu der eine Person für das Amt des Bürgermeisters kandidieren darf. Diese sog. *kommunalrechtliche Wählbarkeitshöchstgrenze* hat der Gesetzgeber in Baden-Württemberg 2015 (vgl. 3.5) auf das 68. Lebensjahr festgelegt.

Auch den *Rechtsstatus* des Bürgermeisters darf der Landesgesetzgeber in seiner Kommunalverfassung regeln.

Innerhalb des Beamtentums hat es seit jeher den Typus des Beamten auf Zeit gegeben, auf den zurückgegriffen wurde, wenn eine Person nur vorübergehend bestimmte, nur von ihr wahrzunehmende

---

[70] BVerfG, Beschl. vom 15.2.1978 – 2 BvR 134, 268/76 –, BVerfGE 47,253; Urt. vom 17.10.1957, a. a. O.; Beschl. vom 5.12.2002 – 2 BvL 5/98, 6/98 –, BVerfGE 107,59

Aufgaben erfüllen sollte. Vor allem im deutschen Gemeinderecht hat sich der kommunale Wahlbeamte als Beamter auf Zeit entwickelt, für den gegenüber dem Beamten auf Lebenszeit wegen seiner besonderen Stellung in der Gemeinde auch besondere hergebrachte Grundsätze des Berufsbeamtentums im Sinne von Art. 33 Abs. 5 GG Anwendung finden.[71] Nach der Gründung der Bundesrepublik hat der Bundesgesetzgeber in Ausübung seiner ihm damals noch zustehenden Rahmenkompetenz für das Beamtenrecht (vgl.   Art 75 Abs.1 GG 1949) in dem für alle Bundesländer verbindlichen Rahmengesetz zur Vereinheitlichung des Beamtenrechts – Beamtenrechtsrahmengesetz – BRRG - vom 1.7.1957, BGBl. I S. 667, am Typus des Beamten auf Zeit festgehalten und damit den Ländern (weiterhin) ermöglicht, in ihren Kommunalverfassungen dem Bürgermeister einen solchen Status zu verleihen. Verfassungsrechtlich ist dies nicht geboten. Es wäre auch möglich, in einem besonderen Gesetz die Rechtstellung der kommunalen Wahlbeamten ohne Anbindung an das Beamtenrecht zu regeln.[72] Auch Richter und Minister unterfielen früher dem Beamtenrecht und wurden erst danach aus diesem herausgenommen und ihre Rechtsverhältnisse in besonderen Gesetzen geregelt.[73] So gab es auch bei der Einführung des hauptamtlichen Bürgermeisters in NRW unterschiedliche Auffassungen darüber, ob dieser als Beamter auf Zeit oder mit einem anderen Status sein Amt führen sollte.[74]

Üben Bürgermeister ihr Amt als Beamte auf Zeit aus, unterliegen sie damit aber auch dem Beamtenrecht. Für sie als Beamte auf Zeit galten nach Inkrafttreten dieses Gesetzes nach § 95 Abs. 2 BRRG die Vorschriften über Beamte auf Lebenszeit entsprechend, soweit im BRRG nichts anderes bestimmt war. Im Hinblick auf ihre Besonderheiten als kommunale Wahlbeamte gab es dazu einzelne Regelungen im BRRG (vgl. §§ 95 ff.). Diese betrafen jedoch nicht die Vorschrift des § 25 BRRG, die bestimmte, dass Beamte auf Lebenszeit

---

[71] BVerfGE, Urt. vom 17.10.1957, a. a. O.
[72] BVerwG, Urt. vom 15.3.1989 – 7 C 7.88 – BVerwGE 81,318
[73] BVerwG, Urt. vom 28.4.2011 – 2 C 39.09 -, BVerGE 139,357
[74] Vgl. Schrameyer 2004, S. 16

nach Erreichen der Altersgrenze in den Ruhestand treten. Damit hatten auch kommunale Wahlbeamte ab der von den Ländern festzulegenden Altersgrenze zwingend in den Ruhestand zu treten. 1964 erreichte Baden-Württemberg (vgl. Abschnitt 3.2) eine Änderung des BRRG dahingehend, dass dies nicht für Bürgermeister gilt, die direkt vom Volk gewählt werden. Damit konnte Baden-Württemberg als damals neben Bayern einziges Bundesland mit direkt gewähltem Bürgermeister seine damalige Rechtslage, dass die beamtenrechtliche Ruhestandsaltersgrenze für Bürgermeister keine Anwendung findet, aufrechterhalten. Mit der Einführung der Direktwahl im Rahmen der Kommunalreformen war es später auch anderen Bundesländern möglich, in ihrem Beamtenrecht von einer solchen Altersgrenze abzusehen. 2006 wurde im Rahmen der Föderalismusreform das GG geändert und dabei auch die Zuständigkeiten für das Beamtenrecht zwischen Bund und Ländern neu geordnet. Statt der Rahmenkompetenz für die allgemeinen Rechtsverhältnisse der Landes- und Kommunalbeamten erhielt der Bund nur noch eine konkurrierende Gesetzgebungsbefugnis zur Regelung der grundlegenden Statusrechte und   -pflichten dieser Beamten (vgl. Art 74 Abs. 1 Nr. 27 GG). Im Übrigen wurden ausschließlich die Länder für die Regelung der Rechtsverhältnisse ihrer Beamten einschließlich des Laufbahnrechts, der Besoldung und Versorgung zuständig. Nach dem am 1.4.2009 in Kraft und an die Stelle des BRRG getretenen Gesetzes zur Regelung des Statusrechts der Beamtinnen und Beamten in den Ländern   – Beamtenstatusgesetz – vom 17.8.2008, BGBl. I S.1010, gibt es weiterhin das Beamtenverhältnis auf Zeit (vgl. § 4 Abs. 2) Für das Rechtsverhältnis dieses Beamtentypus gelten nach § 6 die Vorschriften für Beamten auf Lebenszeit entsprechend, soweit *durch Landesrecht* nichts anderes bestimmt ist. § 25 BeamtStG regelt die materiellen Voraussetzungen für den Eintritt der Lebenszeitbeamten in den Ruhestand. Danach treten sie mit Erreichen der Altersgrenze kraft Gesetzes in den Ruhestand. Dies gilt grundsätzlich – wenn der Landesgesetzgeber dies nicht anders bestimmt - nach § 6 BeamtenStG auch für Beamte auf Zeit.

Wann die Altersgrenze erreicht wird, regelt nicht das Beamtenstatusgesetz, sondern das Landesrecht. Baden-Württemberg hat durch das Gesetz zur Reform des öffentlichen Dienstrechts (Dienstrechtsreformgesetz – DRG – vom 9. November 2010 (GBl. 2010, S. 793) sein Landesrecht an der geänderten Rechtslage ausgerichtet und dazu auch ein neues Landesbeamtengesetz geschaffen (Art. 1 DRG). Dessen § 7 legt fest, dass ein Beamtenverhältnis auf Zeit nur begründet werden kann, wenn dies gesetzlich bestimmt ist und die Vorschriften des Dritten Teils des LBG (Laufbahnschriften) keine Anwendung finden. Mit § 42 GemO BW ist der Forderung nach einer gesetzlichen Regelung Rechnung getragen. § 36 LBG regelt den Ruhestand wegen Erreichens der Altersgrenze. Danach erreichen Beamte auf Lebenszeit die Altersgrenze mit Ablauf des Monats, in dem sie das 67. Lebensjahr vollenden. Diese Erhöhung der Altersgrenze von 65 auf 67 Jahre durch das neue LBG greift aber erst ab dem Jahr 2029 voll. Bis dahin gelten Übergangsvorschriften für die schrittweise Erhöhung (vgl. Art 62 § 3 DRG) von 65 auf 67 Jahre. Die Ruhestandsaltersgrenze für Bürgermeister wurde in § 36 Abs. 4 LBG bei der damals bestehenden Altersgrenze von 68 Jahren belassen und erst 2015 auf 73 Lebensjahre angehoben. § 92 LBG regelt zudem die Anwendung des Beamtenstatusgesetzes und des LBG auf kommunale Wahlbeamte im Hinblick auf ihre Besonderheiten.

2.1.2 Regelungszwecke der Höchstaltersgrenzen

Warum gibt es überhaupt Höchstaltersgrenzen für Bürgermeister? Warum treten Beamte ab einem gewissen Lebensalter „automatisch" in Ruhestand?

Um die Diskussion über Höchstaltersgrenzen für Bürgermeister nachvollziehen zu können, ist es wichtig, diesen Fragen nachzugehen.

Was bezwecken beamtenrechtliche Ruhestandsaltersgrenzen?

Das Berufsbeamtentum ist ausgerichtet auf den Beamten auf Lebenszeit. Dieser steht in einem besonderen Dienst- und Treueverhältnis zum Staat, aufgrund dessen er zur grundsätzlich lebenslangen Dienstleistung verpflichtet ist. Dafür wird er sein ganzes

Leben lang und nach seinem Tod seine Hinterbliebenen vom Staat „alimentiert". Dies bedeutet jedoch nicht, dass er bis zu seinem Tode Dienst leisten muss[75]. Seine Pflicht zur aktiven Dienstleistung und auch sein Recht gegenüber dem Dienstherr, im Amt bleiben und seinen Dienst verrichten zu dürfen, entfallen, sobald der Beamte dauernd dienstunfähig ist. Bei erwiesener Dienstunfähigkeit tritt er in den Ruhestand. Dies ist an keine Altersgrenze gebunden.

Allerdings war bis in das 19. Jahrhundert hinein die Pensionierung ein Gnadenerweis, welcher der Dienstherr, damals in der Regel der Landesfürst, einzelfallbezogen gewährte.[76] Es stand dabei weniger der Zweck im Vordergrund, den Dienstherrn vor dienstunfähigen Beamten zu schützen, sondern vielmehr, die Verdienste des altgedienten Beamten für den Staat zu honorieren und ihm die Gnade zu erweisen, seine letzten Lebensjahre ohne Dienstverpflichtungen und dennoch materiell abgesichert zu leben. Dieses Konzept entwickelte sich später zu der sogenannten „Antragsaltersgrenze", die sich grundlegend von der Pensionierungsgrenze in ihrer heutigen Form unterscheidet. Mit Erreichen der Antragsaltersgrenze erwarb der einzelne Beamte einen Anspruch, aus dem Dienst in den Ruhestand entlassen zu werden, ohne sich einer individuellen Eignungsprüfung unterziehen zu müssen. Der Dienstherr hatte umgekehrt jedoch kein Recht, den Beamten allein aufgrund seines Alters aus dem Dienst zu entlassen.

Die Möglichkeit der Zwangspensionierung eines älteren Beamten nach 40 Dienst- oder 70 Lebensjahren kam erst Mitte des 19. und zu Beginn des 20. Jahrhunderts in einigen Gliedstaaten des Deutschen Kaiserreichs auf. Doch auch in diesen Fällen bestand ein erheblicher Unterschied zur heutigen Pensionsgrenze, da die altersbedingte Pensionierung nicht als gesetzlicher Automatismus ausgestaltet war, sondern jeweils eine Einzelfallentscheidung des Dienstherrn voraussetzte, bei der die Dienstunfähigkeit des Beamten positiv festgestellt werden musste, um einen älteren Beamten in den Ruhestand versetzen zu können. Das Konzept einer gesetzlich

---

[75] BVerfG, Urt. vom 10.12.1985 – 2 BvL 18/83 -, BVerfGE 71,255
[76] Dazu und zum Folgenden Hartig 2014, S. 130 ff.

zwingenden Pensionierungsgrenze (Versetzung eines Beamten in den Ruhestand ohne Prüfung der individuellen Dienstfähigkeit ab einer bestimmten Altersgrenze auch gegen dessen Willen) wurde erst in der Weimarer Zeit eingeführt. [77] Zunächst wurden die preußischen Beamten durch das preußische Gesetz betreffend die Einführung einer Altersgrenze vom 15. Dezember 1920 einer absolut wirkenden Pensionsgrenze (65 Jahre) unterworfen und am 27. Oktober 1923 führte der Gesetzgeber die allgemeine Pensionsgrenze (65 Jahre) für die Staatsbediensteten auf Reichsebene ein. Befördert wurde diese Entwicklung außer durch die angespannte Finanzlage durch die Erkenntnis, dass es galt, der die Funktionsfähigkeit des Berufsbeamtentums gefährdenden Überalterung des Beamtenapparats entgegenzuwirken und damit dem Nachwuchs Anstellungs- und den bereits ernannten Beamten Beförderungsmöglichkeiten zu eröffnen.[78]

Damit wurde das heute noch bestehende Ruhestandsmodell für Beamte geschaffen: Die generalisierende und unwiderlegliche Vermutung, dass ein Beamter nach der Lebenserfahrung ab einem bestimmten Lebensalter nicht mehr die erforderliche Leistungsfähigkeit für sein Amt besitzt und er daher kraft Gesetzes zur Sicherung der Funktionsfähigkeit der öffentlichen Verwaltung in den Ruhestand treten muss. Auf seine individuelle Leistungsfähigkeit zu diesem Zeitpunkt kommt es dabei nicht an.[79] Diesem Konzept liegt ein bestimmtes Altersbild zugrunde: Die Annahme, dass das Alter mit dem Abbau wichtiger körperlicher, seelischer und geistiger Funktionen einhergeht und daher die Leistungsfähigkeit im Alter nachlässt (sog. Defizitmodell des Alters). Davon ausgehend legt der Gesetzgeber den Zeitpunkt fest, ab welchem Lebensalter er die Leistungsfähigkeit seiner Beamten generell nicht mehr als gegeben

---

[77] Vgl. Hartig 2014, S. 131
[78] BVerfG, Urt. vom 10.12.1985, a. a. O.
[79] Allgemein zur unwiderleglichen Vermutung der altersbedingt nachlassenden Leistungsfähigkeit und zum Generalisierungsgrundsatz vgl. Igl 2013a, S. 184 und Igl 2013b, S. 181

ansieht. Dabei kann er diese Altersgrenze je nach Beamtengruppe unterschiedlich regeln.[80]

Für die Bürgermeister in Baden-Württemberg hat der Gesetzgeber diese (*beamtenrechtliche*) *Ruhestandsaltersgrenze* auf das 73. Lebensjahr festgelegt (vgl. § 36 Abs. 4 LBG). Ab diesem Lebensalter sieht er das Interesse der Allgemeinheit an einer kontinuierlichen und effektiven Amtsführung von hauptamtlichen Bürgermeistern im Hinblick auf die mit deren Alter einhergehenden möglichen Leistungseinbußen generell als gefährdet an. Diese Ruhestandsaltersgrenze dient damit dazu, die Erfüllung der einem Bürgermeister in der Gemeinde obliegenden Aufgaben zu gewährleisten.

Die zweite Höchstaltersgrenze im Kontext der kommunalen Wahlbeamten ist die *kommunalrechtliche Wählbarkeitshöchstgrenze* für eine Kandidatur zum Bürgermeisteramt.

Welchen Zweck hat diese Altersgrenze?

Während die Ruhestandsaltersgrenze die Ausübung des Bürgermeisteramts beschränkt, beschränkt die Festsetzung eines Höchstalters für die Wählbarkeit den Zugang zum Bürgermeisteramt. Auch dieses Regelungsinstrument soll das Gemeinwesen vor – aufgrund eines hohen Lebensalters – nicht mehr leistungsfähigen kommunalen Wahlbeamten schützen. In Bundesländern, in denen eine Ruhestandsaltersgrenze für Bürgermeister nicht besteht, ist sie eine „faktische Altersbegrenzung der Amtsausübung"[81] und damit ein „mittelbares Korrektiv"[82] zu der fehlenden Ruhestandsaltersgrenze. Mit der Wählbarkeitshöchstgrenze sollen die Personen vom Zugang zum Amt ausgeschlossen werden, bei denen es generalisierend nach der Lebenswahrscheinlichkeit befürchtet werden kann, dass sie nicht bis zum Ende der Amtszeit in der Lage sein werden, den hohen

---

[80] BVerfG, Urt. vom 10.12.1985, a. a. O.
[81] Vgl. Klaß 2014, S. 186
[82] Vgl. Hartig 2014, S. 120; Burkardt 2016, S. 291

persönlichen Einsatz zu erbringen, den das Amt eines hauptamtlichen Bürgermeisters erfordert.[83]

Auch in den Bundesländern, die – wie Baden-Württemberg - eine Ruhestandsaltersgrenze für Bürgermeister normiert haben, soll die altersbedingte Zugangsbeschränkung der effektiven Bewältigung der mit dem angestrebten Amt des Bürgermeisters verbundenen Aufgaben dienen. Die Wählbarkeitshöchstgrenze und die Ruhestandsaltersgrenze stehen insoweit in „einem engen Zusammenhang". [84] Die bis zum Erreichen der Ruhestandsaltersgrenze verbleibende Amtszeit soll nämlich im Interesse einer effektiven und kontinuierlichen Amtsführung eine gewisse Mindestdauer nicht unterschreiten. Der Ausschluss der Wählbarkeit ab einem bestimmten Lebensalter soll damit unangemessen kurze Amtszeiten verhindern und die angestrebte Kontinuität der Amtsführung gewährleisten. [85] Die Festlegung der Wählbarkeitshöchstgrenze hängt dabei von der der Länge der Amtszeit und der Annahme des jeweiligen Landesgesetzgebers ab, ab welchem Lebensalter er die Leistungsfähigkeit eines Bürgermeisters im Allgemeinen nicht mehr für gegeben ansieht. In Baden-Württemberg wurde 2015 die Wählbarkeitshöchstgrenze für die Kandidatur zum Bürgermeisteramt auf das 68. Lebensjahr festgelegt, d.h. die Bewerber dürfen am Wahltag das 68. Lebensjahr noch nicht vollendet haben (vgl. § 46 Abs. 1 GemO BW). Da Bürgermeister ebenfalls seit 2015 gemäß § 36 Abs. 4 GemO BW die Ruhestandsaltersgrenze mit Ablauf der Monats, in dem sie das 73. Lebensjahr vollenden, erreichen, können sie noch mindestens bis zu fünf Jahre ihr Amt ausüben.

---

[83] BVerfG, Beschl. vom 25.7.1997 – 2 BvR 1088/97 -, NVwZ 1997, 1207
[84] BVerfG, Beschl. vom 26.8.1993 – 2 BvR 1439/93 -, DVBL 1994, S. 43
[85] BVerfG, ebenda

2.1.3 Höchstaltersgrenzen und Rechtsprechung

Regelungen von Altersgrenzen waren schon immer Gegenstand ober- und höchstrichterlichen Entscheidungen.[86] Zur Frage der rechtlichen Zulässigkeit von Höchstaltersgrenzen für Bürgermeister sind – soweit ersichtlich - nach Inkrafttreten des Grundgesetzes bis zur Jahrtausendwende nur fünf Entscheidungen ergangen, die sich alle mit der Wählbarkeitsobergrenze befasst haben und für die Kläger erfolglos geblieben sind.

Prägend waren die beiden Entscheidungen des Bundesverfassungsgerichts aus den Jahren 1993 und 1997, die Verfassungsbeschwerden gegen brandenburgische und niedersächsische Regelungen betrafen, die festlegten, dass nur derjenige zum Bürgermeister wählbar ist, der am Wahltag noch nicht das 62. Lebensjahr bzw. das 65. Lebensjahr (Niedersachsen) vollendet hat. Das Bundesverfassungsgericht nahm die Verfassungsbeschwerden in beiden Fällen nicht zur Entscheidung an. Das Gericht erkannte weder eine Verletzung der Berufsfreiheit des Art. 12 GG noch eine des Grundsatzes der Allgemeinheit der Wahl oder des allgemeinen Gleichheitssatzes des Art. 3 Abs. 1 GG. Zwar stellten Höchstaltersgrenzen als subjektive Zulassungsvoraussetzungen einen Eingriff in die Berufsfreiheit dar. Dieser sei jedoch zum Schutze eines besonders wichtigen Gemeinschaftsguts, das der Freiheit des Einzelnen vorgehe, gerechtfertigt. Im mit den Höchstaltersgrenzen verfolgten Zweck (vgl.2.1.2), dem Interesse der Allgemeinheit an einer kontinuierlichen und effektiven Amtsführung des Bürgermeisters, sah das Gericht ein legitimes Ziel, welches altersbedingte Zulassungsbeschränkungen der Berufsfreiheit rechtfertigt. Dieses Ziel, Beeinträchtigungen einer kontinuierlichen und effektiven Amtsführung entgegenzutreten, wurde auch als ausreichende Rechtfertigung für den mit den Höchstaltersgrenzen einhergehenden Eingriff in das passive Wahlrecht angesehen. Dabei stellte das

---

[86] BVerfG, Beschl. vom 25.7.1997 – 2 BvR 1088/97 -, NVwZ 1997, 1207; Beschl. vom 26.8.1993 – 2 BvR 1439/93 -, DVBl. 1994, 43; VGH Baden-Württemberg, Urt. vom 13.5.1991 – 1S944/91 -, NVwZ- RR 1992, 152; BayVerfGH, Entsch. vom 10.11.1983 –Vf. 11-VII-82, BayVBL. 1984, 30; BayVerfGH, Entsch. vom 29.04.1968 – Vf. 22-VII-66-, BayVerfGHE 21,83

Verfassungsgericht in seiner Entscheidung 1997 ausdrücklich – aber ohne nähere Begründung - fest, dass es der Lebenserfahrung entspreche, dass die Gefahr einer Beeinträchtigung der Leistungsfähigkeit „auch heute noch" mit zunehmenden Alter größer werde und daher der Gesetzgeber im Rahmen seiner Einschätzungsprärogative einen typisierenden Ausschluss von Personen, die das 65. Lebensjahr vollendet haben, zur Erreichung des gesetzgeberischen Anliegens für erforderlich halten durfte.

Auch ein Verstoß gegen Artikel 3 Abs. 1 GG liege nicht vor, da es für die Ungleichbehandlung mit Ministern, für die keine Wählbarkeitsbeschränkung existiere, „einleuchtende Gründe" gäbe. Denn die – auch altersmäßige – Eignung der jeweiligen Minister unterliege einer hinreichend individuellen Prüfung durch die dazu berufenen obersten Verfassungsorgane. Es sei davon auszugehen, dass der Ministerpräsident nur Personen berufe, von deren individueller Eignung er überzeugt sei. Bei dem direkt vom Volk zu wählenden Bürgermeister finde eine solche Einzelfallprüfung nicht statt. Auf diesen Gesichtspunkt hatte bereits der Bayerische Staatsgerichtshof in seiner Entscheidung aus dem Jahre 1968 [87] abgestellt. Danach dürfe der Gesetzgeber davon ausgehen, dass die Gemeindebürger infolge geringerer Aufklärungsmöglichkeiten zumeist weit weniger in der Lage seien, die Eignung eines Bewerbers zum Bürgermeisteramt zu prüfen als etwa ein Parlament die Eignung einer Person zum Ministerpräsidenten oder Bundeskanzler abschätzen könne.

Dieser Überblick hat die Rechtsprechung zu den Höchstaltersgrenzen für Bürgermeister bis Ende der 90er Jahre aufgezeigt. Für sie spielten weder die sich schon damals abzeichnenden neuen Erkenntnisse der Altersforschung zur Leistungsfähigkeit älterer Menschen noch das erst später entstandene europäische Antidiskriminierungsrecht eine Rolle. Diesen neuen Entwicklungen musste sich aber in den folgenden Jahren auch die Rechtsprechung stellen und dabei die Frage beantworten, ob Höchstaltersgrenzen für Bürgermeister angesichts

---

[87] Vgl. Urt. vom 29.4.1968, a. a. O.

der neuen Erkenntnisse in der Altersforschung und unter dem Gesichtspunkt der Altersdiskriminierung noch zulässig sind.

Die Reaktion der Rechtsprechung auf diese neuen Fragestellungen wird aus Gründen der besseren Nachvollziehbarkeit erst nach Beschreibung der neuen gesellschaftlichen Entwicklungen (demografischer Wandel, Entstehung neuer Altersbilder, neues Recht gegen Altersdiskriminierung) unter Abschnitt 2.2.4 dargestellt.

2.2 Gesellschaft

2.2.1 Demografischer Wandel

Der Begriff des demografischen Wandels beschreibt allgemein die Veränderung der Altersverteilung innerhalb einer Gesellschaft.[88] Die demografische Entwicklung wird diese nicht nur in Deutschland in den nächsten Jahren und Jahrzehnten tiefgreifend verändern.[89] Niedrige Geburtenraten und eine gestiegene Lebenserwartung[90] führen zu erheblichen Veränderungen im Altersaufbau der Bevölkerung. Diese Veränderungen hin zu einer immer älter werdenden Gesellschaft berühren fast alle Bereiche des öffentlichen Alltags mit weit reichenden Folgen vor allem für den Arbeitsmarkt und die sozialen Sicherungssysteme.[91] Die geburtenstarken Jahrgänge werden zunehmend aus dem Erwerbsleben ausscheiden, ohne dass ausreichend jüngere nachfolgen werden. In der gesetzlichen Rentenversicherung wird die Anzahl der Rentenempfänger erheblich ansteigen und die der Beitragszahler sinken. Der demografische Wandel führt dazu, dass die Anzahl der Fachkräfte für die Unternehmen künftig geringer und als Konsequenz der Wettbewerb um die noch nachwachsenden qualifizierten Fachkräfte immer härter wird. Hinzu kommt, dass bei demografisch bedingter sinkender Verfügbarkeit von Fachkräften gleichzeitig der Bedarf an solchen gut

---

[88] Vgl. Müller, S. 53
[89] Vgl. zum demografischen Wandel und seinen Folgen BMAS 2014, S. 15 ff.
[90] Dazu im Einzelnen: Statistisches Bundesamt 2016, S. 19
[91] Vgl. Müller, S. 58

qualifizierten Mitarbeitern infolge der technischen und ökonomischen Entwicklung drastisch zunimmt.[92]

Um die Finanzierungsgrundlage der gesetzlichen Rentenversicherung zu stärken und dem drohenden Fachkräftemangel entgegen zu wirken, hat der Deutsche Bundestag 2007 beschlossen [93], die Regelaltersgrenze in der gesetzlichen Rentenversicherung in einem Übergangszeitraum vom Jahr 2012 bis zum Jahr 2029 vom vollendeten 65. auf das vollendete 67. Lebensjahr anzuheben.

Diese Auswirkungen des demografischen Wandels treffen aber nicht nur den privaten Sektor, sondern auch die öffentliche Verwaltung.[94] Denn der öffentliche Dienst ist der größte Arbeitgeber in Deutschland, und er ist wie der private Sektor auf qualifiziertes Personal angewiesen. Er ist zudem eine der am stärksten alternden Branchen in Deutschland. Das Alter der Beschäftigten ist deutlich höher als in der Privatwirtschaft. Aufgrund dieser Altersstruktur steht die öffentliche Verwaltung vor einer Pensionierungs- und Verrentungswelle. In den nächsten zehn bis zwölf Jahren wird rund ein Viertel der Mitarbeiter ausscheiden. Der private und der öffentliche Sektor stehen damit mit Blick auf den demografischen Wandel vor den gleichen Herausforderungen und Problemlagen.

Das führte dazu, dass die Regelungen der gesetzlichen Rentenversicherung auf die Beamten wirkungsgleich übertragen wurden. Mit der Anhebung der allgemeinen Regelaltersgrenze vom 65. auf das 67. Lebensjahr sollte auch hier dem Arbeitskräfterückgang und dem Verlust von Erfahrungswissen entgegengewirkt, die Funktionsfähigkeit der Alterssicherungssysteme der Beamten sichergestellt und den Beamten im Hinblick auf die gestiegene Lebenserwartung [95] und der damit einhergehenden längeren Leistungsfähigkeit ermöglicht werden, künftig ebenfalls länger am

---

[92] Vgl. Beil 2016, S. 1
[93] RV-Altersgrenzenanpassungsgesetz vom 20.4.2007 (BGBl. I 2007, S. 554)
[94] Zum Nachfolgenden vgl. Beil 2016, S. 7 ff.
[95] Diese haben eine höhere Lebenserwartung als Frauen und Männer der übrigen Bevölkerung vgl. Nieden/Altis 2017, S. 113

Erwerbsleben teilzunehmen.[96] Bis September 2017 haben der Bund und alle Länder außer Berlin und Sachsen-Anhalt ihre Beamtengesetze insoweit geändert.[97]

Im Rahmen der Anhebung der allgemeinen Altersgrenze gerieten nun auch die Altersgrenzen der kommunalen Wahlbeamten in den Blick. So sollten sie in Ländern mit Ruhestandsaltersgrenzen für Bürgermeister nicht besser als normale Beamte gestellt werden („…Es ist nicht nachvollziehbar, warum die Altersgrenze von 67 Jahren nicht auch für hauptamtliche Bürgermeister (…) gelten soll.")[98] oder es sollte der gestiegenen Lebenserwartung und der damit einhergehenden längeren Leistungsfähigkeit durch Erhöhung der Altersgrenze für die Wählbarkeit Rechnung getragen werden.

Die damit verbundenen Diskussionen über Höchstaltersgrenzen für Bürgermeister wurden maßgeblich durch die neuen Altersbilder der Gerontologie (vgl. 2.2.2) und das neue Antidiskriminierungsrecht (vgl. 2.2.3) befeuert. Da in Baden-Württemberg bei der Anhebung der allgemeinen Ruhestandsaltersgrenze von 65 auf 67 Jahren zur Angleichung an die Rentenversicherung im Jahre 2010 die Ruhestandsaltersgrenze für Bürgermeister bereits bei 68 Jahre lag, erfolgte diese hier erst im Jahre 2015 als Folge des „Kretschmann-Vorstoßes".

2.2.2 Neue Altersbilder

Altersbilder sind individuelle und gesellschaftliche Vorstellungen vom Alter (Zustand des Altseins), vom Altern (Prozess des Älterwerdens) oder von älteren Menschen (die soziale Gruppe älterer Personen)[99].

---

[96] Vgl. Zweiter Bericht der Bundesregierung zur Anhebung der Altersgrenzen von Beamtinnen und Beamten und Richterinnen und Richtern des Bundes, BTDrS. 18/11117 vom. 6.2.2017, S. 4 und 8; Landtag Baden-Württemberg, DrS 124/6694 vom 20.7.2010, S. 2

[97] Vgl. Landtag Sachsen-Anhalt, DrS 7/1824 vom 5.9.2017, S. 201

[98] Landtag Thüringen, DrS 6/4066 vom. 14.6.2017, S. 1; Landtag Bayern, DrS 16/9081 vom 29.6.2011, S. 14

[99] Vgl. Sechster Bericht zur Lage der älteren Generation in der Bundesrepublik Deutschland – Altersbilder in der Gesellschaft und Stellungnahme, BTDrS 17/3815 vom 17.11.2010, S. 27

Bis weit in das 20. Jahrhundert hinein wird Alter verbunden mit dem Gedanken des kontinuierlichen Abbaus körperlicher und psychischer Fähigkeiten und Funktionen (Defizitmodell des Alters), so dass ab einem bestimmten Lebensalter die ausreichende Leistungsfähigkeit nicht mehr gegeben erscheint und die Menschen daher „in den Ruhe- oder Rentenstand" treten. Ein solches Altersbild ist individuell „schlecht" für Personen, die auch jenseits der so festgelegten Altersgrenze noch „fit" sind bzw. sich noch so fühlen und weiterarbeiten wollen (wie z.B. der ehemalige Eppelheimer Bürgermeister Dieter Mörlein; vgl. 1.1) oder die wegen der demografischen Entwicklung zur Sicherung des Arbeitskräftebedarfs und der Alterssicherungssysteme eigentlich alle länger arbeiten müssten. Die demografische Entwicklung bringt es ja mit sich, dass die gesellschaftlichen und wirtschaftlichen Zukunftsaufgaben von weniger und im Durchschnitt älteren Menschen bewältigt werden müssen.

Vor diesem Hintergrund sieht es auch die Bundesregierung als grundlegendes Ziel der Altenpolitik an, die Entwicklung und Verankerung eines neuen Leitbilds des Alters zu unterstützen.[100] Ein Leitbild, das nicht Defizite, sondern die Fähigkeiten und Stärken älterer Menschen betont und dazu beiträgt, dass diese ihren Beitrag in Wirtschaft und Gesellschaft leisten können. Dazu kann sie sich auf neuere Erkenntnisse der Altersforschung über die Leistungsfähigkeit im Alter stützen. Aufgrund dieser ist nicht mehr von einem frühzeitigen kontinuierlichen Abbau der Leistungsfähigkeit Älterer die Rede, sondern es werden die besonderen Fähigkeiten Älterer hervorgehoben. Man spricht von der Ablösung des „Defizitmodells des Alters" hin zum „Kompetenzmodell des Alters".[101] Wichtig ist in diesem Zusammenhang die Frage, was Alter eigentlich ist. Der Begriff des Alters wird seit jeher in den verschiedenen Fachdisziplinen, die sich mit Fragen des Alters befassen, unterschiedlich akzentuiert.[102] So gibt

---

[100] Vgl. Sechster Bericht zur Lage der älteren Generation in der Bundesrepublik Deutschland, a. a. O. S. V
[101] Vgl. Bäcker/Kistler 16.11.2016, S. 1
[102] Vgl. Hartig 2014, S. 32

es das kalendarische Alter[103], das in Zahlen (T/M/J) bestimmt wird und welches das Bezugssystem im deutschen Recht ist (z.B. auch für die Höchstaltersgrenzen für Bürgermeister, die daran anknüpfen). In der Biologie[104] wird Alter herkömmlich als ein Prozess definiert, der sich durch einen voranschreitenden und generellen körperlichen Abbau auszeichnet. In psychologischer Hinsicht [105] wird Alter als Persönlichkeitsentwicklung begriffen. Das soziale Alter[106] wird unter soziologischen Gesichtspunkten als Zuordnung zu unterschiedlichen Lebensphasen (Bildungsphase, Erwerbs- und Familienphase, Ruhestandsphase) betrachtet. Für die geistige Leistungsfähigkeit, die für die meisten Bediensteten des öffentlichen Dienstes – so auch für Bürgermeister – im Vordergrund steht, sind die Intelligenz sowie die Lern- und Gedächtnisleistung von starkem Einfluss auf Befähigung und fachliche Leistung. [107] Diese unterliegen entgegen früheren Annahmen nicht einem kontinuierlichen Rückgang. [108] Soweit Veränderungen eintreten, können diese teilweise anderweitig kompensiert werden.

Daneben bestehen auch im Alter noch individuelle Lern- und Bildungspotenziale, die die Grundlage für die Lösung neuer Aufgaben und Anforderungen und die Herausbildung neuer Kompetenzen bilden und als Entwicklungsgewinne betrachtet werden können. Ältere Menschen bilden keine homogene Gruppe mehr, sondern zeigen eine große Variationsbreite im Hinblick auf die Leistungsfähigkeit.

In sozialer Hinsicht kann damit die Lebensphase Alter nicht mehr als „Rest"-Lebenszeit betrachtet werden, sondern stellt einen Lebensabschnitt dar, der auf individueller Ebene im Interesse der Gestaltung des eigenen Alters ebenso genutzt werden kann wie auf

---

[103] Vgl. Elsuni/Liebscher/Klose 2013, S.12; Müller 2011, S. 33
[104] Vgl. Elsuni/Liebscher/Klose 2013, S. 13; Müller 2011, S. 34
[105] Vgl. Elsuni/Liebscher/Klose 2013, S. 15, Müller 2011, S. 38
[106] Vgl. Elsuni/Liebscher/Klose 2013, S. 18, Müller 2011, S. 45
[107] Vgl. Hartig 2014, S. 48
[108] Dazu und zum Folgenden Schoch 2015, S. 29; Hartig 2014, S. 49 ff., 61 ff., 65 ff.

gesellschaftlicher Ebene für die Bewältigung von Herausforderungen des demografischen Wandels.[109]

Nach diesen neuen Erkenntnissen lässt das kalendarische Lebensalter keine ausreichenden Rückschlüsse auf die Leistungsfähigkeit im Alter zu. [110] Sie stellen damit auch die Zulässigkeit von Höchstaltersgrenzen für Bürgermeister als generelle unwiderlegliche Vermutung der Leistungsunfähigkeit ab einem bestimmten kalendarischen Lebensalter in Frage.

Ihre Zulässigkeit ist zudem auch im Hinblick auf das neue europäische Antidiskriminierungsrecht fraglich geworden.

2.2.3 Altersdiskriminierung

Unter dem Schlagwort der Altersdiskriminierung ist das Phänomen der altersspezifischen Benachteiligungen etwa seit der Jahrtausendwende in das juristische Blickfeld gelangt, was maßgeblich dem europäischen Gemeinschafts- und Unionsrecht zuzuschreiben[111] ist. Rechtlicher Ausgangspunkt dieser Entwicklung ist die Richtlinie 2000/78/EG vom 27. November 2000[112]. Sie will zur Verwirklichung des Grundsatzes der Gleichbehandlung in den Mitgliedsstaaten einen allgemeinen Rahmen zur Bekämpfung der Diskriminierung in Beschäftigung und Beruf u.a. wegen des Alters schaffen. Im Geltungsbereich dieser Richtlinie werden die Mitgliedsstaaten daher verpflichtet, Diskriminierungen aufgrund der Religion oder der Weltanschauung, einer Behinderung, **des Alters** oder der sexuellen Ausrichtung zu verbieten. Das Allgemeine Gleichbehandlungsgesetz vom 14.8.2006 (BGBl. I 2006, S. 1897) dient der Umsetzung dieser Richtlinie und ist daher im Lichte dieser unionsrechtlichen Regelung auszulegen.[113]

---

[109] Vgl. Schoch 2015, S. 27, 29
[110] Vgl. Müller 2011, S. 40; Hartig 2014, S. 66 und 90
[111] Vgl. Hartig 2014, S. 32
[112] Richtlinie 2000/78/EG des Rates vom 27. November 2000 zur Festlegung eines allgemeinen Rahmens für die Verwirklichung der Gleichbehandlung in Beschäftigung und Beruf (ABl.: 303 vom 2.12.2000, S.16)
[113] Vgl. BVerwG, Urt. vom 1.12.2012 – 8 C 24.11 -, BVerwGE 141,385

Was hat dieses europäische Recht in Deutschland im Hinblick auf altersspezifische Benachteiligungen geändert?

Mit Alter, Altersgrenzen und Altersdiskriminierung befasst sich das Grundgesetz nicht.[114] Die speziellen Diskriminierungsverbote in Art. 3 Abs. 3 GG enthalten kein Diskriminierungsverbot aufgrund des Lebensalters. Lebensaltersspezifische Diskriminierungen werden nur von dem allgemeinen Gleichbehandlungsgebot (Art. 3 Abs. 1 GG) erfasst und werden, wenn sie sich als Eingriff in andere Rechte wie die Berufsfreiheit oder das passive Wahlrecht darstellen, dort auf ihre rechtliche Zulässigkeit geprüft. Unter der Geltung des neuen europäischen Antidiskriminierungsrechts reicht es nun nicht mehr aus, dass eine an das Alter anknüpfende Benachteiligung andere Rechte wie z. B. die Berufsfreiheit nicht verletzt. Eine an das Alter anknüpfende Ungleichbehandlung ist nun im Geltungsbereich der Richtlinie 2000/78/EG per se verboten, es sei denn, dort normierte Ausnahmeregelungen lassen diese ausdrücklich zu.

Die Richtlinie ist gem. Art 3 in den Gebieten Beschäftigung und Beruf anwendbar. Ihr Geltungsbereich erstreckt sich auch auf Beamtenverhältnisse und verbietet Diskriminierungen aufgrund des Alters. Höchstaltersgrenzen für Bürgermeister stellen eine Ungleichbehandlung aufgrund des Alters dar. Denn ab einem bestimmten Alter kann eine Person nicht mehr zum Bürgermeister gewählt werden oder darf ihr Amt nicht weiter ausüben.

Knüpft eine Ungleichbehandlung an das Alter an, geht Art. 2 Abs. 2 RL davon aus, dass eine Diskriminierung gegeben ist. Dennoch können die Mitgliedsstaaten vorsehen, dass unter Umständen keine Diskriminierung vorliegt. [115] Dabei reicht nicht, dass die Mitgliedsstaaten mit der Ungleichbehandlung irgendein - sei es auch vernünftiges - Ziel verfolgen. Es muss vielmehr einer der Ausnahmetatbestände der Art. 2 Abs. 5, Art. 3 Abs. 4, Art 4 Abs. 1 oder Art 6 Abs. 1 RL vorliegen. Die ersten drei Ausnahmevorschriften spielen für Bürgermeister keine Rolle.

---

[114] Vgl. Elsuni/Liebscher/Klose 2013, S. 40; Igl 2013b, S. 174; Igl 2009, S. 103
[115] Vgl. Dombert 2015, S. 938

Art. 6 Abs. 1 RL enthält für eine Ungleichbehandlung aufgrund des Alters eine Sonderregelung. Danach können die Mitgliedstaaten vorsehen, dass Ungleichbehandlungen wegen des Alters keine Diskriminierungen darstellen, sofern sie objektiv und angemessen und im Rahmen des nationalen Rechts durch ein legitimes Ziel gerechtfertigt sind. Sozialpolitische Ziele, beispielsweise aus den Bereichen Beschäftigungspolitik, Arbeitsmarkt und berufliche Bildung, stellen nach der Rechtsprechung des EuGH [116] solche legitimen Ziele dar. Dabei verfügen die Mitgliedstaaten nicht nur bei der Entscheidung, welches konkrete Ziel von mehreren im Bereich der Arbeits- und Sozialpolitik sie verfolgen wollen, sondern auch bei der Festlegung der Maßnahmen zu seiner Erreichung über einen weiten Ermessensspielraum.

2.2.4 Neue „alte" Rechtsprechung

Die neuen Erkenntnisse der Altersforschung über die Leistungsfähigkeit älterer Menschen und das neue europäische Antidiskriminierungsrecht werfen auch neue Fragen zur rechtlichen Zulässigkeit von Höchstaltersgrenzen für Bürgermeister auf.

Gibt es legitime Ziele, die im Rahmen der Richtlinie 2000/78/EG solche Regelungen überhaupt und auch als angemessen zulassen? Lassen die neuen Erkenntnisse der Altersforschung weiterhin typisierende, generalisierende Altersgrenzen für den Eintritt in den Ruhestand zu? Wenn ja, ab welchem Alter?

Denn mit der Festsetzung der Altersgrenze unterstellt der Gesetzgeber ja generalisierend und pauschalierend durch unwiderlegliche Vermutung, dass der Angehörige einer bestimmten Beamtengruppe – hier der Bürgermeister – ohne Rücksicht auf seine individuelle Leistungsfähigkeit den Anforderungen seines Amts nicht mehr genügt und er deshalb in den Ruhestand zu treten hat. Der Gesetzgeber darf grundsätzlich solche typisierenden Reglungen schaffen, damit verbundene Härten im Einzelfall – dass ein Amtsinhaber auch jenseits

---

[116] Die Rechtsprechung zusammenfassend vgl. Landtag Sachsen-Anhalt DrS 7/1824 vom. 5.9.2017, S. 202 ff.

der Altersgrenze noch „fit" ist – sind unvermeidlich und hinzunehmen. Eine noch hinzunehmende Typisierung setzt aber voraus, dass die durch sie eintretenden Härten oder Ungerechtigkeiten nur eine verhältnismäßig kleine Zahl von Personen betreffen.[117] Kann aber nach den neuen Erkenntnissen über die Leistungsfähigkeit älterer Menschen noch davon ausgegangen werden, dass jenseits der festgesetzten Altersgrenze nur eine Minderheit fähig ist, ihre Amtszeit effektiv abzuleisten?

2006 bot sich der Rechtsprechung erstmals die Gelegenheit, sich mit diesen Fragen zu befassen. Der damalige Oberbürgermeister von Idar-Oberstein vollendete vor Ablauf seiner bis Februar 2008 laufenden Amtszeit im Februar 2007 sein 68. Lebensjahr und erreichte damit auch die für Bürgermeister geltende Ruhestandsaltersgrenze. Als die Aufsichtsbehörde den 5. November 2006 als Termin für die Wahl eines Nachfolgers festsetzte, erhob er hiergegen beim Verwaltungsgericht Klage und beantragte zugleich erfolglos eine einstweilige Anordnung mit dem Ziel, der Stadt die Durchführung der Wahl zu untersagen. Er war der Auffassung, dass die Altersgrenze verfassungs- und europarechtswidrig sei. Auch seine beim OVG Rheinland-Pfalz eingelegte Beschwerde blieb ohne Erfolg.

Für das Gericht stellte sich die Frage nach der Vereinbarkeit der Altersgrenze mit der RL 2000/78/EG nicht, da eine solche Regelung nach seiner Ansicht nicht unter den Geltungsbereich der Richtlinie fiel. Im Übrigen hatte das Gericht gegen die Altersgrenze keine verfassungsrechtlichen Bedenken. Es führte u. a. dazu aus:[118]

„Gemessen an diesen rechtlichen Vorgaben bestehen gegen die in § 183 Abs. 2 Satz 2 LBG für gewählte Kommunalbeamte auf Zeit geregelte gesetzliche Altersgrenze keine verfassungsrechtlichen Bedenken.

Die von den Bürgern gewählten (Ober)Bürgermeister sind trotz ihrer Wahl Verwaltungsbeamte (vgl. §§ 28, 47 ff., 54 Abs. 1 Satz 1 GemO). Die

---

[117] Vgl. BVerfG, Beschl. vom 8.2.1983 – 1 BvL 28/79 -, BVerfGE 63, 119
[118] Vgl. OVG Rheinland-Pfalz, Beschl. vom 20.9.2006 – 2 B 10951/06.OVG -, NJW 2006, 3658

gesetzliche Altersgrenze, bei deren Erreichen der Ruhestand unabhängig von der wirklichen Leistungskraft des einzelnen kommunalen Wahlbeamten beginnt, ist ihrem Wesen nach eine generalisierende Einschätzung des für die Amtsausübung erforderlichen Leistungsvermögens, die den Diensherrn der Notwendigkeit eines unter Umständen aufwändigen individuellen Prüfungs- und (Zwangs)Pensionierungsverfahrens entheben soll. Sie trägt der Erfahrung Rechnung, dass bei Erreichen eines gewissen Alters Leistungskraft und -fähigkeit im Allgemeinen nachlassen und dem gesundheitlichen Anforderungsprofil des Amtes nicht mehr genügen. Dementsprechend dient die gesetzliche Altersgrenze der Gewährleistung einer effektiven Führung der Amtsgeschäfte und damit der ordnungsgemäßen Erfüllung der der Verwaltung im Interesse der Allgemeinheit obliegenden Aufgaben.

Die Bestimmung der gesetzlichen Altersgrenze ist nicht Aufgabe der Verwaltungsgerichte. Sie setzt vielmehr eine Wertung voraus, die in erster Linie dem Gesetzgeber vorbehalten ist. Er muss die mit dem Amt als (Ober)Bürgermeister verbundenen Anforderungen an die physische und psychische Leistungsfähigkeit einschätzen. Bei der daran anknüpfenden Festsetzung der Altersgrenze muss er einen angemessenen Ausgleich zwischen der Bedeutung der Wahl als wesentlicher Grundlage der demokratischen Grundordnung und der von ihm auch kommunalen Wahlbeamten verfassungsrechtlich geschuldeten Fürsorge (Art. 126 LV, Art. 33 Abs. 5 GG) schaffen. Angesichts der ihm insoweit zukommenden Gestaltungsfreiheit und Einschätzungsprärogative ist seine Entscheidung gerichtlich nur eingeschränkt überprüfbar. Jede gesetzliche Regelung der Altersgrenze muss zwangsläufig generalisieren und typisieren. Sie enthält von daher auch unvermeidbare Härten. Diese sind hinzunehmen, soweit die Regelung - insgesamt betrachtet - die angestrebte Gewährleistung einer effektiven Amtsführung und Aufgabenerfüllung ohne unvertretbare Einschränkung des Wahlrechts erwarten lässt. Es ist nicht erforderlich, dass der Gesetzgeber im Einzelfall die zweckmäßigste, vernünftigste oder gerechteste Lösung gefunden hat. Bei der im Eilverfahren allein möglichen summarischen Prüfung fehlen bislang hinreichende

Anhaltspunkte für die Annahme, das Abstellen auf die Vollendung des 68. Lebensjahres wäre sachlich nicht (mehr) vertretbar oder nicht (mehr) verhältnismäßig. Insbesondere erweist sich die Möglichkeit der Abwahl der (Ober)Bürgermeister nach § 55 GemO angesichts ihrer strengen Voraussetzungen nicht als milderes Mittel. Entsprechendes gilt in Bezug auf eine mögliche Versetzung in den Ruhestand wegen im Einzelfall (festgestellter) Dienstunfähigkeit. Freilich ist der Gesetzgeber nicht gehindert, neuere Erkenntnisse der Medizin und Altersforschung zum Anlass eines Überdenkens der jetzigen Altersgrenze zu nehmen."

Daraufhin reichte der ehemalige Oberbürgermeister gegen die verwaltungsgerichtlichen Entscheidungen Verfassungsbeschwerde beim Verfassungsgerichtshof Rheinland-Pfalz ein. Er machte insbesondere geltend, die vom OVG angenommene Erfahrung, bei Erreichen eines gewissen Lebensalters ließen Leistungskraft und -fähigkeit im Allgemeinen nach, sei sachlich nicht gerechtfertigt und die Annahme pauschaler Altersgrenzen nach Erkenntnissen der modernen Medizin und Altersforschung nicht mehr tragfähig. Das Gericht wies die Verfassungsbeschwerde zurück und stützte sich zur Begründung allein auf die bisherige Rechtsprechung des Bundesverfassungsgerichts zu den Höchstaltersgrenzen für Bürgermeister (vgl. 2.1.3). In seiner Entscheidungsbegründung führte das Gericht jedoch ergänzend aus:[119]

„Allerdings ist der Gesetzgeber nicht gehindert, eine einmal getroffene Einschätzung hinsichtlich der Erforderlichkeit einer Altersgrenzenregelung zu überdenken. Hierfür mögen neuere Erkenntnisse der Medizin und Altersforschung einen Anlass bieten. Entsprechende Schlussfolgerungen sind jedoch nicht verfassungsrechtlich zwingend vorgegeben, zumal die Festlegung von Altersgrenzen nicht nur durch die Erwägung bestimmt werden muss, eine kontinuierliche und effektive Amtsführung zu gewährleisten. Vielmehr ist ebenso die Absicht zulässig, einer Überalterung entgegenzuwirken und innovatives Handeln zu fördern wie auch

---

[119] Vgl. VerfGH Rheinland-Pfalz, Beschl. vom 2.11.2006 – VGH B27/06 und VGH A 28/06 -, NVwZ 2007, 1052

Zukunftschancen Jüngerer in den Blick zu nehmen (vgl. BVerfGE 67, 1 [17]; 71, 255 [269]). Welche der angesprochenen und nicht notwendigerweise abschließenden Aspekte bei einer eventuellen Neubewertung in den Vordergrund gerückt werden sollen, obliegt der Entscheidung des Gesetzgebers. Wegen des bereits abgeschlossenen Wahlakts sprechen allerdings gewichtige Gründe für die Annahme, dass nach Maßgabe des geltenden Rechts gewählte Bürgermeister in ihrer Amtsausübung hiervon unberührt bleiben."

Erst 2013 musste sich das Bundesverfassungsgericht selbst erneut mit der rechtlichen Zulässigkeit solcher Höchstaltersgrenzen befassen.

Der bayerische Landtag hatte 2012 beschlossen, die Höchstaltersgrenzen für die Wählbarkeit hauptamtlicher Bürgermeister und Landräte auf das 65. und für ab 2020 stattfindende Wahlen auf das 67. Lebensjahr festzusetzen. Gegen diese Regelungen wandten sich der Landtagsabgeordnete Peter Paul Gantzer und weitere Fraktionskollegen mit einer Popularklage erfolglos an den Bayerischen Verfassungsgerichtshof.[120]

Dieser führte in seinem Urteil vom 19. Dezember 2012 u.a. aus, dass auch neuere Untersuchungen über ältere Arbeitnehmer nicht in Frage stellten, dass die den Anforderungen des Amts eines berufsmäßigen ersten Bürgermeisters oder eines Landrats gemäße Leistungsfähigkeit mit zunehmenden Alter, jedenfalls ab dem achten Lebensjahrzehnt, beeinträchtigt sein könne. Diese typisierende Einschätzung halte sich innerhalb des Spielraums, der dem Gesetzgeber zur Verfügung stehe.

Der Landtagsabgeordnete Gantzer wandte sich dann mit einer Verfassungsbeschwerde gegen die Altersgrenzen an das Bundesverfassungsgericht.

Dieses nahm seine Verfassungsbeschwerde nicht zur Entscheidung an, da es diese als teilweise unzulässig, im Übrigen jedenfalls als offensichtlich unbegründet ansah. Es verwies auf seine Rechtsprechung aus dem Jahre 1997 und stellte fest, dass der

---

[120] Vgl. BayVerfGH, Entsch. vom 19.12.2012 – Vf. 5-VII-12-, NVwZ 2013, 792

Gesetzgeber auch im Jahre 2012 nicht gehindert gewesen sei, die angegriffene Regelung zu treffen. Zu einer abweichenden Beurteilung würden weder die Richtlinie 2000/78/EG noch Aspekte der steigenden Lebenserwartung Anlass geben.

Aus dem Unionsrecht ergäben sich keine anderen Anforderungen an Höchstaltersgrenzen für die Wählbarkeit zu hauptberuflichen kommunalen Ämter als nach dem Grundgesetz, wie sie in der Rechtsprechung des Bundesverfassungsgericht entwickelt worden seien. Die mit der angegriffenen Regelung ausdrücklich verfolgte Zielsetzung, dass gewählte Amtsträger ihr Amt möglichst während der gesamten Amtszeit ausüben können und Zwischenwahlen vermieden werden, stelle ein legitimes Ziel im Sinne des Art. 6 Abs. 1 der Richtlinie dar. Sie gehöre offensichtlich zu den in einem weiten Sinn zu verstehenden beschäftigungspolitischen Anliegen und diene insbesondere dazu, die Leistungsfähigkeit des öffentlichen Dienstes zu sichern. Gleiches gelte für die von der Bayerischen Staatsregierung vor dem Bayerischen Verfassungsgerichtshof dargelegte weitere Zielsetzung der Erhaltung eines – mit Blick auf die Altersgrenzen – einheitlichen Beamtenrechts, das unter anderem dem sozialpolitischen Ziel einer ausgewogenen Altersstruktur, der Begünstigung von Einstellungen jüngerer Beamter sowie der Optimierung der Personalplanung diene.

Dies werde nicht dadurch in Frage gestellt, dass die berufsmäßigen kommunalen Wahlbeamten weit über die allgemeine beamtenrechtliche Altersgrenze hinaus tätig sein könnten. Zur Rechtfertigung der gesetzlichen Regelung genüge insoweit, dass die Tätigkeit auch dieses Kreises von Amtsträgern überhaupt und nicht ohne jeden Bezug zu den allgemeinen Altersgrenzen nach dem Lebensalter begrenzt werde.

Die weitere Zulässigkeit der typisierenden Altersbegrenzung begründete das Gericht folgendermaßen:[121]

---

[121] Vgl. BVerfG, Beschl. 26.08.2013 – 2 BvR 441/13 -, NVwZ 2013, 1540

„Die von der Bayerischen Staatsregierung in ihrer Stellungnahme vor dem Bayerischen Verfassungsgerichtshof herangezogenen statistischen Daten bestätigen, dass es im achten Lebensjahrzehnt, wenn auch nicht notwendig in jedem Fall, so doch häufiger zu gesundheitlichen Beschwerden und längeren Fehlzeiten kommt. Dem ist der Beschwerdeführer nicht substantiiert entgegen getreten. Mit Blick auf die Zielsetzung einer kontinuierlichen Amtsführung der gewählten Inhaber eines kommunalen Hauptamts bietet diese Sachlage dem Landesgesetzgeber hinreichenden tatsächlichen Anlass, die Altersgrenze für diese Ämter auf ein Eintrittsalter von 65 beziehungsweise 67 Jahren festzulegen. Angesichts einer Dauer der Wahlperiode von sechs Jahren, die eine Amtsführung bis zum Alter von nahezu 71 Jahren (derzeit) beziehungsweise nahezu 73 Jahren (ab 1. Januar 2020) ermöglicht, sind die Grenzen der gesetzgeberischen Einschätzungsprärogative hier offensichtlich nicht überschritten. Die von der Bayerischen Staatsregierung in ihrer Stellungnahme vor dem Bayerischen Verfassungsgerichtshof herangezogenen statistischen Daten bestätigen, dass es im achten Lebensjahrzehnt, wenn auch nicht notwendig in jedem Fall, so doch häufiger zu gesundheitlichen Beschwerden und längeren Fehlzeiten kommt. Dem ist der Beschwerdeführer nicht substantiiert entgegen getreten. Mit Blick auf die Zielsetzung einer kontinuierlichen Amtsführung der gewählten Inhaber eines kommunalen Hauptamts bietet diese Sachlage dem Landesgesetzgeber hinreichenden tatsächlichen Anlass, die Altersgrenze für diese Ämter auf ein Eintrittsalter von 65 beziehungsweise 67 Jahren festzulegen. Angesichts einer Dauer der Wahlperiode von sechs Jahren, die eine Amtsführung bis zum Alter von nahezu 71 Jahren (derzeit) beziehungsweise nahezu 73 Jahren (ab 1. Januar 2020) ermöglicht, sind die Grenzen der gesetzgeberischen Einschätzungsprärogative hier offensichtlich nicht überschritten."

An anderer Stelle heißt es:

„Soweit der Beschwerdeführer gegen die Zulässigkeit der angegriffenen Höchstaltersgrenzen anführt, dass das durchschnittliche Lebensalter in Deutschland kontinuierlich ansteigt, und sich auf den Wandel der Leistungsfähigkeit älterer Menschen

sowie ihrer Stellung in der Gesellschaft beruft, lassen sich dem Vorbringen keine Hinweise für eine verfassungswidrige Fehleinschätzung des Gesetzgebers entnehmen. Der angegriffenen Regelung liegt die Erwägung zugrunde, dass angesichts der allgemeinen demografischen Entwicklung nicht nur die durchschnittliche Lebenserwartung steigt, sondern auch die Leistungsfähigkeit im Alter länger erhalten bleibt (LTDrucks 16/9081, S. 14). Die Entscheidung des Gesetzgebers, dem durch eine Erhöhung der Höchstaltersgrenze ab dem Jahr 2020 um zwei Lebensjahre Rechnung zu tragen, lässt verfassungsrechtlich erhebliche Abwägungsmängel nicht erkennen. Insbesondere ist die Einschätzung nicht zu beanstanden, dass im achten Lebensjahrzehnt in zunehmendem Umfang Beeinträchtigungen der Leistungsfähigkeit zu erwarten sind, auf die im Interesse einer sachgerechten Amtsausübung Bedacht zu nehmen ist. Diese Einschätzung entspricht nicht nur allgemeiner Lebenserfahrung, sondern wird auch durch die von der Bayerischen Staatsregierung dem Bayerischen Verfassungsgerichtshof vorgelegten statistischen Daten bestätigt."

Nachdem er mit seinem Anliegen beim Bundesverfassungsgericht gescheitert war, erhob der Landtagsabgeordnete Gantzer wegen Beeinträchtigung seines passiven Wahlrechts durch die Höchstaltersregelung in Bayern im Februar 2014 beim Europäischen Gerichtshof für Menschenrechte eine Individualbeschwerde[122] gegen die Bundesrepublik Deutschland wegen Verletzung des Art. 3 Zusatzprotokoll zur Konvention zum Schutz der Menschenrechte und Grundfreiheiten in Verbindung mit Art. 14 EMRK. Mit Entscheidung vom 3.4.2014 erklärte der Gerichtshof die Beschwerde unter Hinweis auf die in Art. 35 EMRK niedergelegten Voraussetzungen ohne weitere Begründung für unzulässig.[123]

Damit hat die juristische Bewertung der Höchstaltersgrenzen für Bürgermeister durch die Gerichte auch im Hinblick auf die neuen Erkenntnisse der Altersforschung und des europäischen Antidiskriminierungsrechts ihr vorläufiges Ende gefunden. Die

---

[122] Vgl. Gantzer 2014a
[123] Vgl. Ganzer 2014b

Höchstaltersgrenzen sind nach wie vor aus den bisherigen Gründen rechtlich zulässig. Die „neue" Rechtsprechung ist im Ergebnis die „alte" Rechtsprechung.

Diese Rechtsprechung ist in der Literatur auf Widerspruch [124] gestoßen. Aus unterschiedlichen Gründen werden Höchstaltersgrenzen als nicht vereinbar mit der RL 2000/78/EG und dem Grundgesetz angesehen. Insbesondere gäbe es keine legitimen Ziele bzw. zur Erreichung legitimer Zwecke seien Höchstaltersgrenzen im Hinblick auf das Vorhandensein milderer Mittel nicht erforderlich bzw. sie seien unverhältnismäßig. So sei z.b. der Zweck, die Effektivität der Verwaltung über die Amtszeit sicherzustellen, kein zulässiges sozialpolitisches Ziel im Sinne der Richtlinie, der Wähler entscheide über die Eignung. Altersbeschränkungen seien nur bei nachgewiesenen Leistungseinschränkungen zulässig, pauschale unwiderlegbare Vermutungen nicht mehr zu rechtfertigen. Versetzung in den Ruhestand wegen Dienstunfähigkeit oder die Möglichkeit der Abwahl stellten mildere Mittel dar. Andere Zwecke, wie die Sicherstellung der Einheitlichkeit des Beamtenrechts oder die Verwirklichung einer generationengerechten Beschäftigungsstruktur, die für die allgemeine Beamtenschaft Altersgrenzen rechtfertigen könnten, kämen für die kommunalen Wahlbeamten nicht zum Tragen. Denn die Verteilung der zur Verfügung stehenden Wahlämter, auch zwischen Jung und Alt, sei allein Sache des Wahlvolks und nicht Aufgabe staatlicher Gesetzgebung. Dem Wahlvolk die Fähigkeit abzusprechen, im Rahmen seiner Wahlentscheidung auch über die Eignung der jeweiligen Kandidaten zu befinden, sei mit dem heutigen Demokratieverständnis nicht mehr vereinbar.

Dieser Streit betrifft letztlich nur die Frage, ob der Gesetzgeber Höchstaltersgrenzen für Bürgermeister festsetzen **darf**. Das juristische „Ja" der Rechtsprechung dazu ist aber **kein Muss**. Dieses hat nur die Option für Höchstaltersgrenzen erhalten. Die juristische Diskussion, ob Höchstaltersgrenzen (weiterhin) zulässig sind, hat aber Argumente gegen diese sichtbar werden lassen, Probleme aufgezeigt und neue

---

[124] Vgl. Burkhardt 2016, S. 283 ff., 305, 312; Dombert 2015, S. 944 f.; Klaß 2014, S. 186 ff.; Hartig 2014, S. 361 ff.

Sichtweisen ermöglicht, die zwar rechtlich nicht zwingend, aber doch politisch gegen Höchstaltersgrenzen für Bürgermeister sprechen. Das juristische Ja zu Altersgrenzen hat damit auch ein politisches Nein als Option im politischen Entscheidungsprozess des Gesetzgebers stärker in das Bewusstsein der politischen Akteure gerückt. Deren Entscheidungsoption in Sachen Höchstaltersgrenzen für Bürgermeister werden im nächsten Baustein des Beziehungsgeflechts Recht-Gesellschaft-Politik dargestellt.

2.3 Politik

2.3.1 Entscheidungsoptionen

Politik bezeichnet allgemein die Regelung des Gemeinwesens durch verbindliche Entscheidungen.[125] Politik hat daher mit Entscheidungen zu tun. Entscheiden heißt eine von mehreren Möglichkeiten auswählen. Dazu ist es wichtig den Gestaltungsspielraum zu kennen. Dies gilt auch für den Gestaltungsspielraum des Landesgesetzgebers in Bezug auf die Höchstaltersgrenzen für Bürgermeister.

Aus dem Grundgesetz ergeben sich insoweit keine die Gestaltungsfreiheit einschränkenden Vorschriften. Es schreibt nur vor, dass der Bürgermeister nur auf eine bestimmte Zeit (Amtszeit) gewählt werden darf und dass dies unmittelbar durch das Volk oder von der durch das Volk gewählten Vertretung geschehen muss (vgl. 2.1.1). Jedes Bundesland kann dies und auch die Einführung einer kommunalrechtlichen Höchstaltersgrenze für sich autonom entscheiden.

Das Bundesverfassungsgericht hat schon in seinem Urteil vom 17.10.1957[126] im Hinblick auf die Sonderrolle des Bürgermeisters (vgl. 1.3) darauf hingewiesen, dass es den Ländern freistehe, die Gemeindeverfassung in dem vom Grundgesetz gesteckten Rahmen nach demokratisch-parlamentarischen Prinzipien zu organisieren und dass sie ebenso darüber entscheiden könnten, wie weit sie die

---

[125] Fuchs/Roller 2009, S. 205
[126] Vgl. BVerfG, a. a. O.

„Politisierung" der Gemeindeverwaltung bei der Gestaltung des Dienstrechts berücksichtigen wollten. Obwohl das Institut der vorzeitigen Abwahl im Beamtenrecht als Beendigungsgrund nicht – auch nicht für kommunale Wahlbeamte – enthalten war, haben das Bundesverfassungsgericht und die nachfolgende Rechtsprechung dieses Institut als Gegenstück zur Berufung des Bürgermeisters durch den politischen Willensakt der Wahl daher als zulässige Abweichung vom Beamtenrecht gebilligt.[127]

Mit der Einführung des BRRG hat allerdings der Bundesgesetzgeber in Ausfüllung seiner grundgesetzlichen Rahmenkompetenz die bis dahin bestehenden landesrechtlichen Optionen zur beamtenrechtlichen Ruhestandsaltersgrenze für Bürgermeister eingeschränkt. Auch diese mussten nun ab einem festzulegenden Lebensalter in den Ruhestand treten. Erst ab Änderung des BRRG im Jahre 1964 erhielten die Länder mit Volkswahl des Bürgermeisters die Möglichkeit, hiervon abzusehen. Dieselbe rechtliche Möglichkeit haben sich die anderen Bundesländer erst später durch die Einführung der Direktwahl des Bürgermeisters im Rahmen der Reform der Kommunalverfassungen erschlossen. Erst die Ablösung des BRRG durch das Beamtenstatusgesetz brachte für alle Bundesländer, ob mit oder ohne Volkswahl, die volle Freiheit im Hinblick auf die Einführung und Ausgestaltung der Ruhestandsaltersgrenze für Bürgermeister (vgl. 2.1.1).

Damit stehen den Bundesländern einschließlich Baden-Württemberg im Hinblick auf Höchstaltersgrenzen für Bürgermeister folgende Entscheidungsoptionen offen:

a) Festlegung nur einer kommunalrechtlichen Wählbarkeitshöchstgrenze;

b) Festsetzung nur einer beamtenrechtlichen Ruhestandsaltersgrenze;

---

[127] Vgl. dazu grundlegend BVerfG Urt. vom 17.10.1957, a. a. O.; BVerwG, Urt. vom 15.3.1989, a. a. O.

c) Normierung sowohl einer Wählbarkeitshöchstgrenze als auch einer Ruhestandsaltersgrenze;

d) Verzicht auf beide Höchstgrenzen

Daneben kann auch für Bürgermeister noch eine besondere Antragsaltersgrenze vorgesehen werden.

Von diesen Regelungsmöglichkeiten haben die Länder unterschiedlich Gebrauch gemacht. Die dadurch entstandene Regelungsvielfalt im Bundesgebiet zeigt sich im nachfolgenden Ländervergleich.

2.3.2 Regelungsvielfalt im Ländervergleich

Tabelle: Höchstaltersgrenzen für Bürgermeister im Bundesgebiet (außer Stadtstaaten)[128]

WHG	RAG	Bundesländer	WHG	AZ	RAG	AAG
+	+	Mecklenburg-Vorpommern	60/ bei Wiederwahl 64	7-9	67/ auf Antrag bis Ende der Amtszeit	+
		Baden-Württemberg	68	8	73	+
		Saarland	65	10	68	+
-	+	nicht mehr vorhanden				
+	-	Niedersachsen	66	5	-	+
		Thüringen	65	6	-	-
		Bayern	67	6	-	-
		Sachsen	65	7	-	+
		Sachsen-Anhalt	65	7	-	+
		Rheinland-Pfalz	65	8	-	+
-	-	Nordrhein-Westfalen	-	5	-	-
		Hessen	-	6	-	-
		Schleswig Holstein	-	6-8	-	+
		Brandenburg	-	8	-	+

WHG Wählbarkeitshöchstgrenze
RAG Ruhestandsaltersgrenze
AZ Amtszeit
AAG Antragsaltersgrenze

---

[128] Aus Gründen der Darstellbarkeit geht der Verfasser nicht auf auslaufende Übergangsregeln ein.

Mecklenburg-Vorpommern

WHG: § 66 Abs. 2 S. 1 LKWG M-V; wählbar ist nur, wer am Tag der Wahl das 60. Lebensjahr, bei Wiederwahl das 64. Lebensjahr noch nicht vollendet hat

RAG: § 35 Abs. 1 S. 3 LBG M-V; Grundsatz: Mit Ablauf des Monats, in dem er das 67. Lebensjahr vollendet. § 35 Abs. 4 S. 4 LBG M-V; Ausnahme: auf Antrag kann der Eintritt in den Ruhestand bis zum Ende der Amtszeit hinausgeschoben werden

AZ: § 37 Abs. 2 S. 1 KV M-V; Amtszeit beträgt minimal sieben und maximal neun Jahre; wird durch Regelung in der Hauptsatzung in der jeweiligen Gemeinde festgelegt

AAG: § 35 Abs. 4 S. 3 LBG M-V; kommunale Wahlbeamte sind nach Vollendung des 63. Lebensjahres auf Antrag in den Ruhestand zu versetzen, wenn sie insgesamt eine mindestens siebenjährige ruhegehaltfähige Dienstzeit im Beamtenverhältnis auf Zeit erreicht haben.

Baden-Württemberg

WHG: § 46 Abs. 1 GemO BW; wählbar ist, wer am Wahltag noch nicht das 68. Lebensjahr vollendet hat

RAG: § 36 Abs. 4 LBG BW; Bürgermeister erreichen die Altersgrenze mit Ablauf des Monats, in dem sie das 73. Lebensjahr vollenden

AZ: § 42 Abs. 3 S. 1 GemO BW; die Amtszeit beträgt acht Jahre

AAG: § 40 Abs. 1 LBG BW; kann Regelung: 63. Lebensjahr vollendet oder schwerbehindert, § 40 Abs. 2 LBG BW: sind zu versetzen: 65. Lebensjahr vollendet und 45 Dienstjahre

Saarland

WHG: § 54 Abs. 1 S. 2 KSVG; zum Bürgermeister kann nicht gewählt werden, wer am Tag des Beginns der Amtszeit das 65. Lebensjahr vollendet hat

RAG: § 120 Nr. 2 S. 2 Hs. 1 SBG; für hauptamtliche kommunale Wahlbeamte auf Zeit, die von den Bürgern gewählt sind, bildet gemäß das vollendete 68. Lebensjahr die Altersgrenze

AZ: § 31 Abs. 2 KSVG; Grundsatz: Für die Dauer von zehn Jahren gewählt; § 56 Abs. 3 KSVG; Ausnahme: Scheidet jedoch ein Bürgermeister ausnahmsweise während der Amtszeit des Gemeinderates aus dem Amt aus und erfolgt die Wahl nicht gleichzeitig mit der Gemeinderatswahl, so wird der Nachfolger für die Zeit bis zum 30. September des Jahres gewählt, in dem die nächste Amtszeit des Gemeinderats endet

AAG: § 120 Nr. 2 S. 2 Hs. 2 SBG; auf Antrag nach Vollendung des 65. Lebensjahres

Niedersachsen

WHG: § 80 Abs. 5 Nr. 1 NKomVG; wählbar ist nur, wer am Wahltag noch nicht 67 Jahre alt ist

AZ: § 80 Abs. 3 S. 1 Nr. 1 NKomVG; grundsätzliche Regelung: Die Amtszeit umfasst die Dauer der Amtszeit der Abgeordneten (gem. § 47 Abs. 2 S. 1 NKomVG fünf Jahre); Abweichungen nach oben und unten möglich: In den Fällen des § 80 Abs. 3 S. 1 Nr. 2 NKomVG kann die Amtszeit kürzer sein. In allen anderen Fällen (§ 80 Abs. 3 S. 1 Nr. 3 NKomVG) umfasst sie die Restdauer der laufenden und die Dauer der folgenden allgemeinen Wahlperiode der Abgeordneten. Darüber hinaus gem. § 80 Abs. 3 S. 2 und 3 sowie Abs. 4 S. 5 und 6 NKomVG Amtszeitverlängerungen möglich, um eine Vakanz im Amt des Hauptverwaltungsbeamten zu vermeiden

AAG: § 83 S. 3 NKomVG; Ruhestand auf Antrag: Möglich, wenn mindestens 65 Jahre alt und das Amt in der laufenden Amtszeit seit mindestens fünf Jahren inne hat, § 84 S. 5 NKomVG; Ruhestand aus besonderen Gründen: Erforderliches Vertrauen für die weitere Amtsführung fehlt; ¾ der Abgeordneten müssen zustimmen, hat die Vertretung dem Antrag zugestimmt und sind die Voraussetzungen für die Gewährung eines Ruhegehalts erfüllt, so versetzt die Kommunalaufsichtsbehörde den Bürgermeister durch schriftliche Verfügung in den Ruhestand

Thüringen

WHG: § 24 Abs. 2 S. 3 ThürKWG; zum hauptamtlichen Bürgermeister kann nicht gewählt werden, wer am Wahltag das 65. Lebensjahr vollendet hat

AZ: § 28 Abs. 3 S. 2 ThürKO; die Amtszeit beträgt sechs Jahre

Bayern

WHG: § 39 Abs. 2 S. 2 GlKrWG; zum berufsmäßigen ersten Bürgermeister kann nicht gewählt werden, wer am Tag des Beginns der Amtszeit das 67. Lebensjahr vollendet hat[129]

AZ: § 42 Abs. 1 S. 1 GlKrWG; die Amtszeit beträgt grundsätzlich sechs Jahre, Ausnahme gem. Art. 42 Abs. 2 S. 1 GLKrWG; Endet das Beamtenverhältnis des bisherigen ersten Bürgermeisters während der Wahlzeit des Gemeinderats oder findet eine Neuwahl eines berufsmäßigen ersten Bürgermeisters vorbehaltlich Art. 43 Abs. 2 für den Rest der Wahlzeit des Gemeinderats statt, es sei denn, die Amtszeit würde weniger als vier Jahre betragen. Ausnahme gem. Art. 43 Abs. 2 GLKrWG; Beginnt die Amtszeit innerhalb der letzten zwei Jahre der Wahlzeit des Gemeinderats, endet sie mit dem Ablauf der folgenden Wahlzeit des Gemeinderats

Sachsen

WHG: § 49 Abs. 1 S. 2, SächsGemO; nicht wählbar für das Amt eines hauptamtlichen Bürgermeisters ist, wer das 65. Lebensjahr vollendet hat

AZ: § 51 Abs. 3 S. 1 SächsGemO; die Amtszeit des Bürgermeisters beträgt sieben Jahre

AAG: § 147 Abs. 1 S. 2 LBG Sachsen; ohne Nachweis der Dienstunfähigkeit ist ein hauptamtlicher Bürgermeister auf seinen Antrag in den Ruhestand zu versetzen, wenn er a) das 65. Lebensjahr

---

[129] gilt erst ab 2020, bis dahin Höchstwahlalter von 65 Jahren

vollendet hat oder b) der Fall des § 48 Nr. 2 vorliegt. (schwerbehindert im Sinne des § 2 Abs. 2 SGB IX und das 60. Lebensjahr vollendet)

Sachsen-Anhalt

WHG: § 62 Abs. 1 S. 3 KVG LSA i.V. m. § 39 Abs. 1 S. 1 LBG LSA; § 62 Abs. 1 S. 3 KVG LSA; der Hauptverwaltungsbeamte darf aber noch nicht die Altersgrenze nach § 39 Abs. 1 S. 1 des Landesbeamtengesetzes erreicht haben. § 39 Abs. 1 S. 1 LBG LSA; Beamte auf Lebenszeit erreichen mit Vollendung des 65. Lebensjahres die Altersgrenze

AZ: § 61 Abs. 1 S. 2 KVG LSA; die Amtszeit beträgt sieben Jahre

AAG: § 61 Abs. 2 S. 4 KVG LSA; ab Erreichen der Altersgrenze (Vollendung des 65. Lebensjahrs) jederzeit auf Antrag möglich

Rheinland-Pfalz

WHG: § 53 Abs. 3 S. 2 GemO RLP; zum hauptamtlichen Bürgermeister kann nicht gewählt werden, wer am Tag der Wahl das 65. Lebensjahr vollendet hat

AZ: § 52 Abs. 1 GemO RLP; die Amtszeit beträgt acht Jahre

AAG: § 119 Abs. 2 S. 2 LBG RLP; auf Antrag jederzeit nach Vollendung des 65. Lebensjahres

Nordrhein-Westfalen

AZ: § 65 Abs. 1 S.1 GO NRW, grundsätzliche Regelung: auf die Dauer von fünf Jahren zugleich mit dem Rat gewählt, Ausnahmen gem. § 65 Abs. 5 GO NRW möglich, endet das Beamtenverhältnis des Bürgermeisters vor Ablauf seiner Amtszeit, wird der Nachfolger bis zum Ende der nächsten Wahlperiode des Rates gewählt, es sei denn, die Amtszeit des Nachfolgers beginnt innerhalb der ersten zwei Jahre der Wahlperiode des Rates. In diesem Fall endet sie mit dem Ende der laufenden Wahlperiode

Hessen

AZ: § 39 Abs. 3 S. 3 HGO; die Amtszeit beträgt sechs Jahre

Schleswig-Holstein

AZ: § 57 Abs. 4 S. 1 GO SH; die Amtszeit beträgt mindestens sechs und maximal acht Jahre; wird durch Regelung in der Hauptsatzung in der jeweiligen Gemeinde festgelegt

AAG: § 36 Abs. 1 LBG SH; Antrag jederzeit ab Vollendung des 63. Lebensjahres möglich, § 36 Abs. 2 LBG SH; bei Schwerbehinderung Antrag jederzeit ab Vollendung des 62. Lebensjahrs möglich

Brandenburg

AZ: § 53 Abs. 2 S.1 BbgKVerf; die Amtszeit beträgt acht Jahre

AAG: § 123 Abs. 6 S. 2 LBG Brandenburg, § 122 Abs. 2 LBG Brandenburg, § 46 Abs. 1 LBG; möglich, wenn eine Amtszeit von mindestens acht Jahren oder eine ruhegehaltfähige Dienstzeit von mindestens zehn Jahren und das 63. Lebensjahr vollendet, bei Schwerbehinderung das vollendete 60. Lebensjahr

2.3.3 Das Für und Wider zu Höchstaltersgrenzen im politischen Entscheidungsprozess

Die vorstehende Tabelle lässt sich entnehmen, dass die jeweiligen Landesgesetzgeber von den Entscheidungsoptionen im Hinblick auf Höchstaltersgrenzen für Bürgermeister sehr unterschiedlich Gebrauch gemacht haben.

Was ist der Grund hierfür? Warum haben sich einige für die völlige Aufhebung von Höchstaltersgrenzen entschieden, während sich andere nur zu einer Anhebung der Altersgrenzen „durchgerungen" haben? Gibt es dafür bestimmte Argumente, die sich auch in der baden-württembergischen Entwicklung der Höchstaltersgrenzen für Bürgermeister wiederfinden?

Wie dargelegt, steht dem Gesetzgeber die Ausgestaltung des Amtes des kommunalen Wahlbeamten frei. Vor dem Hintergrund der oben näher beschriebenen Sonderrolle des Bürgermeisters darf damit der Gesetzgeber auf der Strecke zwischen den beiden äußeren Punkten „Demokratie" und „Beamtentum" den Schwerpunkt „wie bei einem

Tariergewicht nach links oder rechts verschieben".[130] Dies gelte auch für die Entscheidung über die Altersgrenze. Schaffe er sie ab, bedeute dies eine Entscheidung weg vom Beamtentum, hin zur Politik. Die Entscheidung über die Amtsfähigkeit eines Bewerbers werde aus der Hand des Gesetzgebers in die Hand der Bürger gelegt und damit eine Politisierung bzw. Demokratisierung vorgenommen. Je mehr Regeln abgeschafft würden, desto mehr werde die Kommunalverfassung politisiert bzw. umgekehrt. Werde die demokratische Legitimation erhöht, verringere sich die sachlich-fachliche und umgekehrt.

Dabei ist es nach Smith[131] zunächst eine weltanschauliche Frage bzw. eine Frage der grundlegenden politischen Überzeugungen, inwieweit man das Gewicht in die eine oder andere Richtung verschiebt. Der Konservative, der eine Politisierung des gesamten Gemeinwesens eher ablehne, werde dazu neigen, die Kommunalverfassung sowie die Ausgestaltung des Amts nach den Prinzipien der Sachlichkeit, der Fachlichkeit, des Rechts und der Selbstverwaltung vorzunehmen. Der Progressive, der geneigt sei, die Demokratie als Organisationsprinzip aller Lebensbereiche und nicht nur des Staats anzusehen, werde die Kommunalverfassung eher nach Prinzipien des Politischen ausgestalten. Was der eine als „Versachlichung" ansehe, stelle für den anderen eine „Bürokratisierung" dar.

In der rechtspolitischen Auseinandersetzung können diese Begriffe zu „politischen Kampfbegriffen" [132] werden, die sich in bestimmten Argumentationsmustern niederschlagen. Dabei kommt es z. B. nicht darauf an, ob es nach dem Bundesverfassungsgericht sachlich gerechtfertigt ist, Bürgermeister anders als Abgeordnete und Minister zu behandeln und ob Höchstaltersgrenzen im bisherigen Ausmaß zulässig sind. Entscheidend ist allein, wie es der Gesetzgeber sehen will. Seine Blickrichtung auf das Amt des Bürgermeisters entscheidet

---

[130] So Smith 2016, S. 23
[131] Vgl. ebenda
[132] Vgl. ebenda

darüber, ob er das „Tariergewicht" auch bei den Altersgrenzen „nach links oder rechts verschiebt".[133]

In der politischen Auseinandersetzung auf Parlamentsebene lassen sich daher immer wiederkehrende Argumentationslinien für die jeweilige Blickrichtung ausmachen.

Für das Pro, die Aufhebung von Höchstaltersgrenzen, sind dies z. B.:

„Altersgrenzen sind Altersdiskriminierung – Altersgrenzen sind Vergeudung von Ressourcen – Warum soll ein Bürgermeister nicht länger seine Erfahrungen einbringen dürfen? – Wenn ich an Adenauer denke, wie alt der war. Hat er sein Amt nicht beherrscht? – Angesichts der unterschiedlichen Regelungen in den einzelnen Bundesländern erscheint die Festlegung willkürlich – Wir benötigen die Älteren – Warum kann man mit 80 noch Ministerpräsident sein, obwohl man mit 68 als Bürgermeister zu alt ist? – Jeder kann Abgeordneter und Minister werden, egal wie alt er ist – Der Bürger soll entscheiden, wen er will – Ob die Bürger einen 30-Jährigen oder 68-Jährigen als Bürgermeister wollen, gehört in die Hand des Bürgers, nicht in die Hand des Gesetzgebers – Wer die Wähler nicht über die Eignung entscheiden lassen will, muss die Direktwahl zum Bürgermeister wieder aufheben – Das Alter wird auch Kriterium der Wahlentscheidung sein und von den Bürgern bei ihrer Entscheidung einbezogen – Bei den kommunalen Wahlbeamten liegt der Schwerpunkt nicht auf dem kommunalen Beamten, sondern auf dem gewählten Mandatsträger, dem Politiker. Er ist eher mit Ministern und Abgeordneten zu vergleichen als mit Beamten".

Beim Contra zur Aufhebung der Altersgrenzen finden sich u.a. folgende Gründe:

„Kommunale Wahlbeamte sind nicht nur Bürgermeister. Sie sind auch Behördenleiter. Andere Behördenleiter dürfen ab einem bestimmten Alter in den Ruhestand. Warum auch nicht Bürgermeister? – Mit zunehmenden Alter sinkt nun einmal die Leistungsfähigkeit und das Risiko von Erkrankungen nimmt zu – 73 Jahre sind eine gute

---

[133] Vgl. ebenda

Oberkante – Die Aufgabenstellung eines Bürgermeisters unterscheidet sich von der politischen Tätigkeit eines Abgeordneten. Er ist nicht nur beschließend tätig. Er ist auch ausführendes Organ und Dienstvorgesetzter vieler Mitarbeiter – Sieht man den Bürgermeister als Verwaltungschef, wird man zu Höchstaltersgrenzen tendieren. Schon um zu vermeiden, dass das Amts- und Lebensende regelmäßig zusammenfallen – Ein Bürgermeister muss nicht nur die Verantwortung für das Amt übernehmen, sondern diese auch effektiv bis zum Ende der Amtszeit wahrnehmen können – Irgendwann ist es auch Zeit, Platz für Jüngere zu machen – Bürgermeister können mit Ministern nicht verglichen werden. Diese können jederzeit entlassen werden – Menschen sind unterschiedlich leistungsfähig.

Wir müssen hier aber allgemeine Regelungen, und nicht auf einzelne Personen zugeschnittene Regelungen schaffen."

Als „Musterbeispiel" für die Begründung der Aufhebung der Höchstaltersgrenzen für Bürgermeister kann der Gesetzentwurf der Fraktionen der CDU und Bündnis 90/Die Grünen für ein Gesetz zur Modernisierung des Dienstrechts der kommunalen Wahlbeamten und zur Änderung wahlrechtlicher Vorschriften vom 9.12.2014 gelten, der zur Aufhebung der Höchstaltersgrenzen in Hessen geführt hat. Darin wurde ausgeführt:[134]

„ ... Im demokratischen Rechtsstaat ist es konsequent, wenn der Gesetzgeber bei der Beamtenauslese durch unmittelbare Wahl des Volkes aus Respekt vor den Wählerinnen und Wählern auf eine künstliche Einengung des Kandidatenkreises verzichtet. Bei der unmittelbaren Wahl der Bürgermeister sollen künftig durch die Aufhebung der bisherigen Altersgrenzen allein die Bürgerinnen und Bürger über die Qualifikation von volljährigen Kandidatinnen und Kandidaten entscheiden (...) Bürgermeister werden aber insofern nach allgemeiner Auffassung ungeachtet ihrer rechtlichen Einstufung als Beamte mit Berufspolitikern wie Ministern oder Abgeordneten in den stattlichen Parlamenten verglichen, für die bekanntlich keine

---

[134] Vgl. Hessischer Landtag, DrS 19/1222, S. 13 und 14; zum Reformprozess in Hessen vgl. Dreßler 2017, S. 15 ff.

Altersgrenzen gelten. Es ist daher angezeigt, auch das in der HGO festgesetzte Wählbarkeits–Höchstalter abzuschaffen. (…) In einer Gesellschaft, in der im Durchschnitt immer mehr Menschen bei guter Gesundheit immer älter werden und immer weniger junge Menschen auf den Arbeitsmarkt drängen, ist es vielmehr gerade bei herausgehobenen Wahlämtern angezeigt, den Kreis der volljährigen Kandidatinnen und Kandidaten nicht länger aus Altersgründen einzuengen, sondern die Auswahlentscheidung allein den Bürgerinnen und Bürgern zu überlassen. (…) Zwar hat das Bundesverfassungsgericht mit Beschluss vom 26.8.2013 jüngst die verfassungs- und europarechtliche Zulässigkeit der Wählbarkeitsgrenze von 67 Jahren (…) bestätigt (…) Der Hessische Landtag ist jedoch von Verfassungswegen nicht gehindert, entsprechend dem Beispiel Nordrhein-Westfalen auf eine obere Wählbarkeitsgrenze für die Bürgermeister (gänzlich) zu verzichten. (…) Gegen die Aufhebung der Altersgrenzen spricht insbesondere nicht, dass das Bundesverfassungsgericht in seinem o. a. Beschluss vom 26. 8.2013 festgestellt hat, die Einschätzung der bayerischen Staatsregierung, wonach im achten Lebensjahrzehnt in zunehmenden Umfang Beeinträchtigungen der Leistungsfähigkeit zu erwarten seien, entspreche der allgemeinen Lebenserfahrung. Das mag so sein, aber die Bürgerinnen und Bürger können sehr wohl selbst entscheiden, ob sie einen älteren, lebenserfahrenen Menschen im Einzelfall zutrauen, das Amt für eine volle Amtszeit von sechs Jahren auszuüben."

Ob sich die oben aufgezeigten unterschiedlichen Blickrichtungen allerdings aus dem Gegensatz „Progressiv versus Konservativ" ergeben, wie Smith annimmt[135], wäre noch näher zu hinterfragen. So erfolgte beispielsweise die Aufhebung der Höchstaltersgrenzen der Bürgermeister in Brandenburg unter einer Regierung SPD/Linke, in Hessen unter CDU/Grüne und in Schleswig-Holstein unter SPD/Grüne/SWV, während sich in Baden-Württemberg Grüne/SPD

---

[135] Vgl. Smith 2016, S. 23

nicht auf eine Aufhebung einigen konnten. Dies spricht dafür, dass landesspezifische Faktoren einen größeren Einfluss ausüben.

Ob sich diese „unterschiedlichen Blickwinkel" auf die Altersgrenzen von Bürgermeistern auch bei den Entscheidungen über Höchstaltersgrenzen in Baden-Württemberg nachweisen und dabei ähnliche Argumentationsmuster erkennen lassen, ist Gegenstand des nächsten Kapitels.

.

3. Entwicklung der Altersgrenze für Bürgermeister in Baden-Württemberg

3.1 Gemeindeordnung 1955

Am 21. Juli 1955 beschloss der Landtag von Baden-Württemberg in dritter Lesung nach langen und harten Beratungen die am 1.4.1956 in Kraft getretene Gemeindeordnung für Baden-Württemberg, die nun für alle Gemeinden des 25.4.1952 gegründeten neuen Bundeslandes galt.

Dieses war aus der Vereinigung der nach dem 2. Weltkrieg gebildeten Ländern Württemberg-Baden, Baden und Württemberg-Hohenzollern entstanden, die ihrerseits aus den historischen Ländern Württemberg (Königreich Württemberg 1806 – 1918, Volksstaat Württemberg 1919 – 1933), Baden (Großherzogtum Baden 1806 – 1918, Volksrepublik Baden 1919 – 1933) und dem Hohenzollerischen Lande Preußens (ehemaliger preußischer Regierungsbezirk Sigmaringen, der bis zur Auflösung Preußens nach dem 2. Weltkrieg bestand) hervorgegangen sind. Damit kam etwas zusammen, was vorher nie zusammen war. Damit trafen aber auch unterschiedliche politische Kulturen und Traditionen und Entwicklungen sowie Mentalitäten [136] aufeinander, die sich auch in der Entwicklung der kommunalen Selbstverwaltung[137] niedergeschlagen haben. Vor allem in Baden und Württemberg verlief diese Entwicklung im 19. und noch bis weit in das 20.Jahrhundert höchst unterschiedlich. Diese war in Württemberg, historisch gesehen, für Wehling/Siewert nicht nur ausgeprägter und demokratischer, sondern auch professioneller, verwaltungsmäßiger und unpolitischer (im Sinne vom Parteipolitik) als in Baden.[138]

---

[136] Vgl. Wehling 2012, S. 73; Wehling 1991c, S. 13 ff.; Bausinger 1981, S. 13 ff.
[137] Vgl. Wehling 2010, S. 23, Wehling 1991a, S. 36 ff.; Städtetag 2008
[138] Vgl. Wehling/Siewert 1984, S. 53; Seeger 1995, S. 14

Das betraf auch das Amt des Bürgermeisters im kommunalverfassungsrechtlichen Gefüge.[139] Dieser wurde in Baden - mit Ausnahme kleinerer Gemeinden – mit seiner sog. Bürgerausschussverfassung (Zweikammersystem: Gemeinderat und Bürgerausschuss) von der Gemeindevertretung (großer Ausschuss, später Bürgerausschuss) auf sechs und ab 1851 auf neun Jahre gewählt. Württemberg hat sich schon zu Beginn des 20.Jahrhunderts für ein sog. Einkammersystem in Form des Gemeinderats, der aus dem vom Volk unmittelbar gewählten Bürgermeister (bis 1907 auf Lebenszeit und danach auf zehn und bei Wiederwahl auf 15 Jahre) und den Gemeinderäten bestand, entschieden. In Baden gab es auch auf der kommunalen Ebene eine strikte Trennung zwischen Politik und Verwaltung. Daher durfte hier im Gegensatz zu Württemberg der Bürgermeister nicht gleichzeitig kommunaler Fachbeamter sein. Diese Funktion kam in Baden allein dem beamteten Ratsschreiber[140] zu, der oft der eigentliche Chef im Rathaus[141] war. Der Bürgermeister war auch kein (kommunaler Wahl-) Beamter. Er war in Baden – vor 1933 – somit auch kein Ehrenbeamter, weil er überhaupt kein Beamter war. Er zählte nicht einmal zu den Gemeindebediensteten im weitesten Sinne.[142] In Württemberg bürgerte sich demgegenüber – schon aus Sparsamkeitsgründen - die Verbindung von Bürgermeister und kommunalen Fachbeamten ein, der unpolitisch das Bürgermeisteramt versah.[143] Diese unterschiedlichen Traditionen des Bürgermeisteramts haben auch zu dem erstmals von

---

[139] Vgl. Wehling/Siewert 1984, S. 49 ff.; Wehling 1991b, S. 170 ff.; Bräunche 2008, S. 68 ff.

[140] Vgl. dazu Nickel 1983

[141] Vgl. Wehling/Siewert 1984, S. 54: „Überzeichnend beschreibt Wehling die typische Situation in der durchschnittlichen badischen Landgemeinde noch vor wenigen Jahren wie folgt: „Um elf ging der Bürgermeister aufs Rathaus und fragte seinen Ratsschreiber: „Gibt's was zu unterschreiben?" Der Ratsschreiber seinerseits habe zuvor im Landratsamt rückgefragt, wie er's machen müsse."

[142] Vgl. Heppner 1965, S. 312. Der Anspruch auf eine angemessene Besoldung, auf Versorgung für den Fall der Nichtwiederwahl und auf Ruhegehalt und auf Hinterbliebenenversorgung waren grundsätzlich durch eine Vereinbarung mit der Gemeinde zu regeln. Vor Abschluss einer solchen Vereinbarung konnte die Wahl durch den gewählten Bürgermeister nicht angenommen werden (vgl. § 24 ff. der Badischen Gemeindeordnung von 1921)

[143] Vgl. Wehling/Siewert 1984, S. 53; Seeger 1995, S. 14

Wehling/Siewert [144] beschriebenen „Baden-Profil" bei Bürgermeisterwahlen in Baden-Württemberg beigetragen. Dieses bezieht sich auf die Unterschiede hinsichtlich der Ausbildung, der örtlichen Herkunft und die Parteinähe der Bürgermeister in den beiden Landesteilen. So ist im badischen Landesteil der Anteil der Bürgermeister, die aus dem eigenen Ort kommen, höher als im württembergischen Landesteil. Außerdem sind in Baden mehr Bürgermeister Mitglied einer politischen Partei und haben eine parteipolitische Karriere zumindest in der Lokalpolitik vor Ort, durchlaufen und haben auch eher die Chance, als Nichtfachmann gewählt zu werden.[145]

Diese unterschiedlichen Traditionen hatte der Gesetzgeber bei der Schaffung einer einheitlichen Gemeindeordnung unter einen Hut zu bringen. Heraus kam mit der GemO 1955 die oben beschriebene (vgl. 1.3) süddeutsche Gemeinderatsverfassung mit einem „starken" Bürgermeister. Diese räumte aber Gemeinden in § 28 Abs. 2 GemO mit weniger als 3000 Einwohnern auch die Möglichkeit ein, durch Hauptsatzung die an das frühere badische Gemeinderecht anknüpfende Bürgerausschussverfassung einzuführen. Die für die Thematik der Höchstaltersgrenzen relevanten Aspekte des Bürgermeisteramts wurden wie folgt geregelt: Der Bürgermeister war nach § 42 Abs. 2 S. 1 „besoldeter Wahlbeamter auf Zeit". Seine Amtszeit betrug acht Jahre, bei Wiederwahl nach Ablauf der Amtszeit zwölf Jahre. In Gemeinden mit nicht mehr als 1500 Einwohnern konnte durch Hauptsatzung bestimmt werden, dass Bürgermeister in Anknüpfung an die vermeintliche badische Tradition Ehrenbeamte sind. Fachliche Anforderungen für einen Bewerber für das Bürgermeisteramt wurden nicht normiert. Dafür waren grundsätzlich in Gemeinden mit mehr als 2000 Einwohnern - falls nicht der Bürgermeister selbst die Voraussetzungen dafür erfüllte - mindestens ein Gemeindefachbeamter anzustellen. Eine Wählbarkeitshöchstgrenze war in § 46 GemO 1955 nicht vorgesehen. Zwar sollten gem. § 42 Abs. 7 die für die Gemeindebeamten geltenden

---

[144] Vgl. Wehling/Siewert 1984, S. 83 ff.
[145] Vgl. Klein 2014, S. 65

beamtenrechtlichen Vorschriften auf den Bürgermeister Anwendung finden, nicht jedoch die Bestimmungen über den Eintritt in den Ruhestand wegen Erreichens der Altersgrenze (vgl. § 42 Abs. 7 Nr. 1 GemO BW 1955). Des Weiteren enthält § 128 eine für das badische und württembergische Gemeinderecht neue Möglichkeit der vorzeitigen Beendigung der Amtszeit des Bürgermeisters.

Zu den Gründen für diese Regelungen finden sich nur wenige Aussagen im Gesetzgebungsprozess. Der Gesetzesentwurf hebt die besondere Stellung des Bürgermeisters hervor. Er sei ein „echtes Gemeindeorgan mit eigenen Zuständigkeiten". [146] In seiner „Doppelfunktion" als Vorsitzender des Gemeinderats und als Leiter der Gemeindeverwaltung „verzahne" er die büromäßige Gemeindeverwaltung mit dem Gemeinderat. Da er Beamter sei, müssten auf ihn auch die für Gemeindebeamte geltenden beamtenrechtlichen Vorschriften grundsätzlich Anwendung finden. Im Hinblick auf seine besondere beamtenrechtliche Stellung als Wahlbeamter auf Zeit und seine Position in der Gemeindeverwaltung seien jedoch gewisse Ausnahmebestimmungen erforderlich. So könnten auf ihn die Bestimmungen über den Eintritt in den Ruhestand wegen der Erreichung der Altersgrenze keine Anwendung finden, weil dies mit dem Grundsatz der Volkswahl nicht voll in Einklang zu bringen wäre. Göbel[147] geht in seiner Kommentierung zur Gemeindeordnung davon aus, dass die Altersgrenze (65 Jahre) auf den Bürgermeister keine Anwendung finde, da er auf eine bestimmte Amtszeit gewählt sei und daher während dieser Zeit ein Recht auf sein Amt habe. Heftig umstritten im Landtag war allerdings die Möglichkeit der vorzeitigen Beendigung der Amtszeit. Im Gesetzesentwurf wurde darauf hingewiesen [148] , dass die bestehenden beamten- und disziplinarrechtlichen Aufsichtsmittel – wie die Praxis gezeigt habe – nicht immer ausreichten, um in der Person des Bürgermeisters wurzelnde Missstände zu beheben, die mit Rücksicht auf das Wohl der

---

[146] Landtag von Baden-Württemberg. 1. Wahlperiode 1952 – 1956. Verzeichnis der Beilagen, Band III, Beilage 1060 vom 4.12.1954, S. 1380
[147] Vgl. Göbel 1956, S. 149
[148] Vgl. Beilage 1060, a. a. O. ; S. 1363 und 1403

Gemeinde nicht bis zum regulären Ablauf der Amtszeit hingenommen werden könnten. Die Regelung entspreche in ihrem Ergebnis der Abwahl des Bürgermeisters, die in den Gemeindeordnungen in Hessen und Schleswig-Holstein vorgesehen sei; jedoch sei die Entscheidung nicht in die Hände der bürgerschaftlichen Vertretung gelegt, sondern einem Gericht übertragen. Im Parlament wurde auch betont [149], dass eine Abwahl durch den Gemeinderat wie in den anderen Bundesländern für Baden-Württemberg (auch) deshalb nicht in Betracht gezogen werde, weil hier der Bürgermeister durch Urwahl bestellt werde. Auf einen weiteren Gesichtspunkt der Regelung weist die Begründung des Gesetzentwurfs noch folgendermaßen hin: [150]

„Der Gefahr, dass auf dem Wege der vorzeitigen Beendigung der Amtszeit versucht wird, unliebsame Bürgermeister auszuschalten, wird durch die Ausgestaltung des Verfahrens begegnet. Da schon allein das Betreiben einer vorzeitigen Beendigung der Amtszeit zu Störungen des Friedens in der Gemeinde führen kann, wurde für die Einleitung des Verfahrens, die obere Rechtsaufsichtsbehörde für zuständig erklärt“

Fazit GemO BW 1955: Keine kommunalrechtliche Wählbarkeitshöchstgrenze und keine beamtenrechtliche Ruhestandsaltersgrenze für den kommunalverfassungsrechtlich „starken“ Bürgermeister; aber eine Möglichkeit seine Amtszeit vorzeitig zu beenden, wobei darüber – da der Gemeinderat im Hinblick auf die Volkswahl des Bürgermeisters ihn nicht selbst absetzen kann - ein Gericht zu befinden hat, das nur von einer außerhalb der Gemeinde stehenden Stelle angerufen werden kann.

3.2 Landesbeamtengesetz 1962

Am 1.9.1957 war das BRRG vom 1.7.1957 in Kraft getreten. Es verpflichtete die Länder, bis zu der später bis 31.12.1963 verlängerten Frist ihr Beamtenrecht nach den Vorschriften dieses Gesetz unter

---

[149] Vgl. Landtag von Baden-Württemberg. 1 Wahlperiode 1952 – 1956, Protokoll-Band III, S. 2270
[150] Vgl. Beilage 1060, a. a. O., S. 1363

Berücksichtigung der hergebrachten Grundsätze des Berufsbeamtentums zu regeln. Dies geschah in Baden-Württemberg durch das Landesbeamtengesetz vom 1.8.1962, mit dem erstmals unter Aufhebung der in den einzelnen Landesteilen geltenden Vorschriften ein einheitliches Beamtenrecht für das ganze Land geschaffen wurde.

Durch dieses Gesetz wurde auch die Gemeindeordnung geändert. Nach dem neugefassten § 42 GemO war der Bürgermeister nun „hauptamtlicher Beamter auf Zeit". Die in § 42 Abs. 7 GemO enthaltene – eigentlich beamtenrechtliche - Vorschrift über die Anwendung beamtenrechtlicher Vorschriften auf den Bürgermeister wurde in den neuen § 42 GemO nicht übernommen, sondern nun in das LBG überführt. § 191 LBG 1962 in Verbindung mit 186 LBG legte fest, dass für Bürgermeister die Vorschriften für Beamten auf Lebenszeit bzw. Beamten auf Zeit entsprechend gelten, soweit gesetzlich nichts anderes bestimmt ist.

Dabei kam es zu Auseinandersetzungen[151], ob die für die „normalen Beamten" geltenden Vorschriften über den Eintritt in den Ruhestand wegen Erreichens der Altersgrenze auch für Bürgermeister gelten sollten. Der Gesetzesentwurf der Landesregierung [152] sah vor, in Abweichung zu den Regelungen für Lebenszeitbeamte eine Altersgrenze für Bürgermeister auf das 70. Lebensjahr festzusetzen, da das BRRG auch für Beamte auf Zeit zwingend eine solche vorschrieb und davon auch für Bürgermeister – die in Baden-Württemberg seit der GemO 1955 den Status als Beamte auf Zeit innehatten - keine Ausnahme vorsah. Dies führte wiederum zu Diskussionen[153] darüber, ob dieser Status überhaupt erforderlich sei, da ja die badischen Bürgermeister bisher keinen solchen Status inngehabt hätten, ob man die Bürgermeister nicht aus diesem Status herauslösen solle, um

---

151 Vgl. Hahn 1963, S. 491
152 Vgl. Landtag Baden-Württemberg. 3.Wahlperiode 1961 – 1964. Verzeichnis der Beilagen, Band II, Beilage 600 vom 23.1.1961
153 Vgl. dazu im Einzelnen: Verhandlungen des Landtags Baden-Württemberg. 3. Wahlperiode 1961 – 1964, Protokoll-Band III, Schriftlicher Bericht Nr. 310 vom 7.6.1962, S. 3745 ff., 3776 ff.

ihrer Sonderstellung als gewählte Vertreter gerecht zu werden, mit der es sich nicht vertrage, aufgrund einer gesetzlichen Altersgrenze vor Ablauf der Amtszeit aus dem Amt ausscheiden zu müssen.

Für einen Abgeordneten ging es bei dieser Debatte darum, ob man den „politischen Bürgermeister (wie bisher in Baden) beibehalten oder durch einen Beamtenbürgermeister ersetzen" [154] wolle. Die Landesregierung verwies darauf, dass man sich für einen beamtenrechtlichen Status für den Bürgermeister entschieden habe und es mit dem BBRG nun nicht vereinbar sei, diesen aus dem Beamtenstatus herauszulösen. Sie habe aber eine erfolgversprechende Initiative gestartet, das BRRG dahingehend zu ändern, dass vom Volk gewählte Bürgermeister - wie in BW - nicht wie andere Beamte in den Ruhestand treten müssten, sondern die Länder für diese eine Ausnahme machen dürften. Bei den Beratungen[155] im Ständigen Ausschuss des Landtags plädierte die Landesregierung dafür, bis zu einer solchen Änderung die Frage der Ruhestandsaltersgrenze für Bürgermeister im LBG „auszuklammern", damit diese hinterher nicht wieder geändert werden müsse. Der Ständige Ausschuss war jedoch mehrheitlich dafür, schon jetzt eine Regelung in das Landesbeamtengesetz aufzunehmen, wonach – wie bisher - die Vorschriften über den Eintritt in den Ruhestand wegen Erreichen der Altersgrenze für Bürgermeister keine Anwendung finden. Dem schloss sich der Landtag bei der Verabschiedung des LBG am 20.7.1962 an und normierte eine solche Regelung in § 191 Nr. 1 S. 1 LBG. Diese entsprach zwar zu diesem Zeitpunkt nicht dem BRRG. Durch eine Änderung des § 95 BRRG durch das 3. Gesetz zur Änderung beamten- und besoldungsrechtlicher Vorschriften vom 3.8.1965 (BGBL. I S. 1007) wurde jedoch eine solche Regelung rückwirkend auf dem 1.1.1964 zugelassen. Damit war das LBG mit Ablauf der Anpassungspflicht zum 31.12.1963 ab 1.1.1964 mit dem BRRG konform.

---

154 Vgl. Schriftlicher Bericht Nr. 310, a. a. O., S. 3745
155 Vgl. Schriftlicher Bericht Nr. 310, a. a. O., S. 3777

<u>Fazit LBG 1962:</u> Es gibt weiterhin weder eine Wählbarkeitsobergrenze noch eine Ruhestandsaltersgrenze für Bürgermeister in Baden-Württemberg.

3.3 Änderung Landesbeamtengesetz 1970

Am 29. Oktober 1970 beschloss der Landtag[156], die Regelung des § 191 Nr. 2 S. 1 LBG, wonach die Vorschriften über den Eintritt in den Ruhestand wegen Erreichens der Altersgrenze auf Bürgermeister keine Anwendung finden, dahingehend zu ändern, dass der hauptamtliche Bürgermeister mit Ablauf des Monats in den Ruhestand tritt, in dem er das 68. Lebensjahr vollendet.

Damit war die Ruhestandsaltersgrenze für Bürgermeister in Baden-Württemberg angekommen. Und dies obwohl nur wenige Jahre vorher die Landespolitik massiv beim Bund und den anderen Bundesländern dafür „gekämpft" hatte, dass Baden-Württemberg für seine Bürgermeister keine Ruhestandsaltersgrenze festsetzen muss (vgl. 3.2). Was hat sich in dieser kurzen Zeit seit der Verabschiedung des LBG 1962 geändert, dass die seit Einführung der GemO 1955 einhellig vertretene Überzeugung nun nicht mehr galt? Damit ist die Einschätzung gemeint, es vertrage sich nicht mit der Volkswahl eines Bürgermeisters nicht, dass dieser aufgrund einer gesetzlichen Altersgrenze vor Ablauf der Amtszeit, für die er vom Volk gewählt worden ist, aus dem Amt ausscheiden muss.

Die FDP/DVP-Fraktion und andere Abgeordnete waren der Ansicht[157], dass sich nichts geändert habe und man an dem erkämpften Recht festhalten solle, da sich eine Ruhestandsaltersgrenze nicht mit der Volkswahl des Bürgermeisters vereinbaren lasse. Es sei Sache der Wähler, wen sie an der Spitze ihrer Gemeinde haben wollten und wie alt der Mann sein solle. Man frage sich, wer eigentlich verbindliche Normen für die physische Leistungsfähigkeit eines Bürgermeisters

---

[156] Vgl. Gesetz zur Änderung des Landesbeamtengesetzes vom 17.11.1970, GBl. S. 491
[157] Verhandlungen des Landtags von Baden-Württemberg. 5. Wahlperiode 1968 – 1972, Protokollband III, S. 2708 ff. und IV, S. 4595 ff.

aufstelle? Das Parlament von Baden-Württemberg könne dies auf keinen Fall.

Wehling [158] sieht in einigen problematischen Fällen mit älteren Oberbürgermeistern den Grund für den Gesetzgeber, eine Altersgrenze einzuführen. So seien die Oberbürgermeister von Baden-Baden [159] und Reutlingen [160] aufgrund ihres hohen Alters den Anforderungen ihres Amts nicht mehr gewachsen gewesen, hätten dies aber nicht einsehen wollen. Der von CDU-Abgeordneten eingebrachte Initiativgesetzesentwurf benennt folgende Gründe für die Abkehr von der bisherigen Regelung: [161]

„...Diese (...) hat in der Vergangenheit bereits gelegentlich zu Unzuträglichkeiten geführt und erscheint künftig nicht mehr vertretbar. Infolge der langen Amtszeiten – meist handelte sich um die zweite zwölfjährige - sind Bürgermeister oft bis weit über das 70.Lebensjahr hinaus im Amt gewesen. Die biologisch bedingten Alterserscheinungen, die mit Recht Grund für die Pensionsgrenze bei den übrigen Beamten sind, gehen aber auch bei Bürgermeistern- von Ausnahmen abgesehen – nicht spurlos vorüber, wenn sie auch oft von

---

[158] Vgl. Wehling 2016, S. 21; Wehling/Siewert 1984, S. 41

[159] Der seit 1946 amtierende Oberbürgermeister von Baden-Baden Dr. h. c. Ernst Schlapper ging 1969 im hohen Alter von 81 Jahren in den Ruhestand. Der Spiegel (vgl. Der Spiegel 1968, S. 82 ff.) beschreibt ihn u. a. wie folgt: „Der Tierfreund (zwei Schnauzer), der seit 1930 in Baden-Baden eine Villa besitzt, ist „gern in fröhlicher Gesellschaft", trinkt Tag für Tag anderthalb Flaschen Moselwein und küsst gern, wenn sich's einrichten lässt, junge Mädchen: „Ich bin alt genug, ich kann mir erlauben, das zu tun." Betagt und ein wenig eitel, so herrisch wie huldvoll, doch auch heiter und gewiss honorig ist Ernst Schlapper ein Ebenbild seiner angestaubten Roulette-Residenz, die er seit 1976 verwaltet. Was Wunder, dass der deutschnationale Christdemokrat stets in S-M-Manieren verfällt, wann immer Linkes in seinen Honoratioren-Hort einbrechen will ...“

[160] Der schon 1945 zum Oberbürgermeister Reutlingens gewählte Oskar Kalbfell erklärte Ende Mai 1973 in Alter von 75 Jahren nach über 28 Jahren Amtszeit nur wiederwillig seinen Rücktritt. Einige Freunde aus der SPD hatten ihn zum Aufhören bewegen können. Seine Krankheit wollte er nicht wahrhaben. Als er am 5.11.1979 in Reutlingen starb, wusste er – aufgrund seiner Krankheit – schon längst nicht mehr, dass er einmal Oberbürgermeister von Reutlingen gewesen war; Wehling 1995, S. 486; Wehling/Nedele 1997, S. 161

[161] Vgl. DrS V-1449, a. a. O., S. 1 ff.

den Betroffenen nicht bemerkt werden. Die Einführung einer Altersgrenze wird aber auch vom Wähler gewünscht, da auch der Wähler die Garantie haben möchte, dass der Gewählte nur solange er in der vollen Kraft ist, und das ist bei nach 65 Jahren auch im Bewusstsein der Wähler grundsätzlich nicht mehr der Fall, in seinem Amt verbleibt. Schließlich entspricht die Einführung der Altersgrenze auch dem verständlichen allgemeinen Trend der Wähler, junge Kräfte möglichst früh in verantwortliche Stellen zu bringen..."

Dem Anliegen, dass „in unseren Gemeinden, die nach der Verwaltungsreform im Durchschnitt noch wesentlich größer sein werden als heute, möglichst viele junge, dynamische Oberhäupter vertreten sind"[162], wollte der Antrag auch dadurch Rechnung tragen, dass ein Bürgermeister mit 57 Jahren oder nach einer Amtszeit von 20 Jahren nach Ablauf seiner Amtszeit nicht mehr antreten muss , um seine Versorgungsansprüche nicht zu verlieren.

Die damalige CDU/SPD-Landesregierung hatte keine grundsätzlichen Bedenken gegen diesen Gesetzesentwurf. Seit 1962 hätten sich die Verhältnisse „in der Zwischenzeit sehr wesentlich geändert".[163] Es sei gut und notwendig, erneut zu prüfen, ob es noch berechtigt sei, bei den Bürgermeistern im Gegensatz zu den anderen Beamten keine Altersgrenze vorzusehen. Die Altersgrenze beruhe auf biologischen Gründen, die in gleicher Weise auf alle Beamten zuträfen.

In den Ausschussberatungen und im Landtagsplenum wurden von Abgeordneten weitere Gründe für die Einführung einer Ruhestandsalters vorgebracht: [164] Man habe 1955 geglaubt, die Bestimmung, dass die Vorschriften über den Eintritt in den Ruhestand nicht für Bürgermeister gelten, aufnehmen zu müssen, weil die Wahl und nicht die Ernennung wie bei den übrigen Beamten rechtsbegründend für den Beamtenstatus gewesen sei. Daher sollten für den Eintritt in den Ruhestand auch allein die Wahl und die Wahlzeit

---

[162] Vgl. Protokollband IV, a. a. O., S. 4593
[163] Vgl. Protokollband III, a. a. O., S. 2710
[164] Vgl. Protokollband III, a. a. O., S. 2704 – 2710; Protokollband IV, a. a. O., S. 3987 – 3989, 4593 – 4598 und 4961 – 4963

maßgebend sein – Mit dem Gesetzesentwurf werde sowohl den Bürgermeistern als auch den Bürgern ein Dienst erwiesen – Ruhestandsgrenzen seien keine Beschränkung, sondern Schutzvorschriften für Bürgermeister – Es sei nicht richtig, jemand in einem fortgeschrittenen Alter noch auf eine so lange Zeit (zwölf Jahre) zu wählen und diesem allein in die Hand zu geben, selbst zu merken, wenn es nicht mehr gehe – Auch der Wähler sei verunsichert, wenn er auf zwölf Jahre hinaus beurteilen solle, ob ein Bürgermeister noch so lange Zeit in der Lage sei, das zu leisten, was er von einem Bürgermeister erwarte – Der Unterschied zu einem Minister sei nun mal vom Gesetzgeber in die Gemeindeordnung hineingelegt worden. Ein Bürgermeister sei kein rein politischer Wahlposten. Ihm werde auch der Status eines Wahlbeamten auf Zeit gegeben.

Der Landtag folgte schließlich den in den Ausschussberatungen gefundenen Kompromissvorschlägen:

Festlegung der Ruhestandsaltersgrenze für Bürgermeister auf Vollendung des 68. Lebensjahr anstatt des sich aus dem Gesetzentwurf ergebenden 65. Lebensjahrs, da auch einem Laufbahnbeamten mit seinem Einverständnis die Dienstzeit bis zum 68.Lebensjahr verlängert werden durfte. Beibehaltung der Antragsaltersgrenze für Bürgermeister, die – wie bisher – auf eigenen Antrag ohne Nachweis der Dienstunfähigkeit mir Vollendung des 65.Lebensjahrs in den Ruhestand versetzt wurden. Keine Pflicht mehr zur erneuten Kandidatur, um Ruhegehaltsansprüche zu sichern, für Bürgermeister, die nach Ablauf ihrer Amtszeit das 57. Lebensjahr vollendet oder als Bürgermeister eine Gesamtdienstzeit von 20 Jahren erreicht oder in einer Gemeinde in zwei aufeinander folgenden Wahlperioden ihr Amt ausgeübt haben.

Es gibt erstmals eine beamtenrechtliche Ruhestandsaltersgrenze für Bürgermeister in Baden-Württemberg, aber keine kommunalrechtliche Wählbarkeitsobergrenze.

1975 wurde die Dauer der Amtszeit des Bürgermeisters bei einer unmittelbaren Wiederwahl auch auf acht Jahre festgesetzt. [165] Nachdem die Amtszeit der Gemeinderäte von sechs auf fünf Jahre verkürzt und das sog. rollierende System (nur die hälftige Erneuerung des Gemeinderats alle drei Jahre) beseitigt worden war, hat der Gesetzgeber auch bei der Volkswahl des Bürgermeisters Wert darauf gelegt, dass die Bürger in angemessenen Zeitabständen Gelegenheit zur Ausübung der ihnen mit der Wahl gegebenen Kontrollfunktionen haben. Außerdem sollte angesichts der hohen Anforderungen an das Amt darauf geachtet werden, dass über die Besetzung des Amts nicht erst nach zu langer Zeit entschieden wird. Einer kürzeren als der achtjährigen Amtszeit nach jeder Wahl wurde im Interesse der Wirksamkeit der Amtsausübung und mit Rücksicht auf das Kontinuitätserfordernis, das eine deutliche längere Amtszeit des Bürgermeisters als die der Gemeinderäte nahelege, nicht nähergetreten.[166]

3.4 Änderung Gemeindeordnung 1978

Durch das Gesetz zur Änderung des Kommunalwahlrechts vom 13. Juni 1978 (GBl. S. 302) wurde auch § 46 GemO geändert. Bis dahin enthielt diese Vorschrift über die Wählbarkeitsvoraussetzungen des Bürgermeisters nur eine Mindestaltersgrenze von 25 Jahren. Durch das Gesetz wurde nun auch eine Wählbarkeitshöchstgrenze eingeführt. Wählbar zum Bürgermeister war nur eine Person, die am Wahltag das 25., aber noch nicht das 65. Lebensjahr vollendet hat.

---

[165] Vgl. Gesetz zur Änderung der Gemeindeordnung und der Landkreisordnung, des Kommunalwahlgesetzes und des Landesbeamtengesetzes vom 4.11.1975, GBl. S. 726
[166] Vgl. Gesetzesentwurf der Landesregierung vom 30.11.1974, DrS 6/6340, S. 30/31

Begründet wurde dies im Gesetzentwurf der Landesregierung unter Hinweis auf die Ruhestandsaltersgrenze von 68 Jahren wie folgt:[167]

„Trotzdem ist ein Bewerber, der das 68. Lebensjahr schon vollendet hat, nach der gegenwärtigen Rechtslage wählbar, so dass ein neues Beamtenverhältnis begründet und durch einen Amtsantritt auch begonnen werden kann. Allerdings muss es bei einem hauptamtlichen Bürgermeister durch Entlassung (…)sofort wieder beendet werden. Der Gesetzgeber sieht nunmehr auch für die Wählbarkeit eine Höchstaltersgrenze vor, bei der gewährleistet ist, dass der gewählte Bewerber das Beamtenverhältnis nicht nur begründen, sondern das Amt auch wenigstens eine gewisse für eine geraume Zeit ausüben kann. Dies ist vor Vollendung des 65. Lebensjahres noch gegeben…"

Fazit Änderung GemO 1978:

Ab jetzt gibt es in Baden-Württemberg eine kommunalrechtliche Wählbarkeitshöchstgrenze und eine beamtenrechtliche Ruhestandsaltersgrenze für Bürgermeister:

Beide bleiben bis zur Reform 2015 unverändert. Bei der Ruhestandsaltersgrenze ändert sich bis dahin nur „die Hausnummer". Die die Altersgrenze für Bürgermeister normierende Vorschrift des § 191 Nr. 2 S. 1 LBG 1962 wurde zum § 134 Nr. 2 des LBG in der Fassung vom 19.3.1996 und dieser inhaltlich in § 36 Abs. 4 des neuen Landesbeamtengesetzes vom 9.11.2010 übernommen.

In der Zwischenzeit waren aber auch in Baden-Württemberg die oben näher beschriebenen gesellschaftlichen Entwicklungen (vgl. 2.2) nicht unbemerkt geblieben. Mit einer Kleinen Anfrage vom 25.1.2007 [168] wollte ein FDP/DVP-Abgeordneter von der Landesregierung wissen, ob sie die gesetzlichen Altersgrenzen für Bürgermeister noch für zeitgemäß und unter Demokratiegesichtspunkten sowie angesichts neuerer Erkenntnisse in Medizin und Altersforschung noch sachlich für gerechtfertigt bzw. mit der europäischen

---

[167] Vgl. Gesetzesentwurf der Landesregierung vom 14.2.1978, DrS 7/3100, S. 28
[168] Vgl. DrS 14/842, S. 1

Antidiskriminierungsrichtlinie für vereinbar halte. In seiner Antwort vom 15.2.2007[169] teilte das Innenministerium dem Fragesteller mit, dass rechtliche Zweifel an der Zulässigkeit der Altersgrenzenregelungen gegenwärtig nicht bestünden.

3.5 Reform 2015

Der Vorstoß von Ministerpräsident Kretschmann im September 2014, die Altersgrenzen für Bürgermeister aufheben zu wollen (vgl.1.1), kam für alle überraschend. Vor allem für den Koalitionspartner SPD. Im Gegensatz zu Hessen, in dem sich die dortige schwarz-grüne Regierungskoalition im Koalitionsvertrag vom 23.12.2013 auf die Abschaffung des Höchstalters für kommunale Wahlämter verständigt hatte[170], enthält der Koalitionsvertrag[171] zwischen Bündnis 90/Die Grünen Baden-Württemberg (nachfolgend: die Grünen) und der SPD Baden-Württemberg (nachfolgend: die SPD) vom 9.5.2011 ein solches Vorhaben nicht. Vorgesehen war „Mehr Demokratie in den Kommunen" zu verwirklichen und dazu auch das aktive Wahlrecht bei den Kommunalwahlen auf 16 Jahre zu senken. Zur inhaltlichen Ausgestaltung der Reform befürwortete die Sozialdemokratische Gemeinschaft für Kommunalpolitik Baden-Württemberg e.V. - SGK[172] - in ihrem Beschluss vom 14.7.2012 zwar die Absenkung des aktiven Wahlalters auf kommunaler Ebene auf 16 Jahre, lehnte aber eine Absenkung des passiven Wahlrechts auf 16 Jahre ab. Alle weiteren Altersgrenzen nach unten und oben (z. B. bei der Wahl zum Ober-Bürgermeister) sollten bestehen bleiben.[173]

Die Reaktion in SPD-Kreisen auf den Kretschmann-Vorstoß fiel entsprechend aus.

---

[169] Vgl. DrS 14/842, S. 2/3
[170] Vgl. Dreßler 2017, S. 14
[171] Vgl. Koalitionsvertrag 2011, S. 60/61
[172] In ihr sind ehrenamtliche und hauptamtliche Kommunalpolitiker/innen – also Stadt-, Gemeinde- und Kreisrät/innen und (Ober-)Bürgermeister/innen – sowie Verwaltungsmitarbeiter/innen organisiert, die Mitglied in der SPD sind oder dieser nahe stehen
[173] Vgl. SGK 2012, S. 2

Der Vorsitzende der SPD-Gemeinderatsfraktion in Stuttgart und parlamentarische Berater der SPD-Landtagsfraktion Martin Körner sah darin den Versuch der Grünen, eine „Lex Kuhn" zu zimmern.[174] Dieser vollendet als Oberbürgermeister von Stuttgart am 29.6.2020, wenige Monate vor der nächsten Oberbürgermeisterwahl, sein 65. Lebensjahr und hätte ohne eine Rechtsänderung nicht wieder antreten können. Der Fraktionsvorsitzende der SPD-Landtagsfraktion, Claus Schmiedel wurde in der Presse[175] mir den Worten zitiert: „Ich bin mehr als skeptisch, dass er [Kretschmanns Vorstoß, d.V.] in unserer Fraktion auf freudige Zustimmung stößt". Wenige Tage später erklärte auch der Amtschef des Innenministeriums Herbert Zinell auf einer SGK-Fachkonferenz am 20. September 2014 in Stuttgart, dass das Innenministerium in der von Ministerpräsident Kretschmann angestoßenen aktuellen Debatte um die Anhebung der Altersgrenze für Bürgermeister Zurückhaltung übe und von der Beibehaltung der bisherigen Regelung ausgehe. [176] Erst durch die öffentlichkeitswirksame „Nachfrageaktion" des damaligen Eppelheimer Bürgermeisters Dieter Mörlein (vgl. 1.1) wurde die unterschiedliche Auffassung der beiden Regierungsparteien in Sachen Altersgrenzen für Bürgermeister Gegenstand öffentlicher Diskussion. Das Innenministerium erklärte, dass sich die Regierungsfraktionen bisher noch nicht geeinigt hätten.[177] Die Grünen wiesen darauf hin, dass auch im Prozess der Gesetzgebung – in der geplanten Reform der Gemeindeordnung war das Thema Aufhebung der Altersgrenze ausgeklammert worden - der Komplex noch in die Novelle eingebracht werden könnte.[178]

Der innenpolitische Sprecher der SPD-Landtagsfraktion, Nikolaos Sakellariou, sah dafür keine Grundlage. Er verwies darauf, dass es offizielle Gespräche zwischen den Fraktionen nicht gebe[179] und fügte

---

[174] Vgl. StN 18.9.2014
[175] Vgl. StN ebenda
[176] Vgl. SGK 2014, S. 2
[177] Vgl. Focus 23.4.2015
[178] Vgl. ebenda
[179] Vgl. Die Welt 24.4.2015

hinzu: „Wir haben keinen Gesprächsbedarf. Wenn man Altersgrenzen aufmacht, wächst die Gefahr von Fehlentscheidungen"[180].

SPD-Innenminister Reinhold Gall[181] hatte im März 2015 schon mal Handlungsbedarf bei den Altersgrenzen für Bürgermeister gesehen. Nach seiner Vorstellung müsse ein Bürgermeister nicht zwingend mit 68 in den Ruhestand geschickt werden. Stattdessen schwebte ihm eine Wählbarkeitsgrenze von 65 Jahren vor.

Im Mai desselben Jahres brachte die oppositionelle FDP/DVP-Fraktion Bewegung in die Sache. Sie brachte einen Gesetzesentwurf[182] im Landtag zur Abschaffung aller Altershöchstgrenzen für Bürgermeister (Wählbarkeitshöchstgrenze und Ruhestandsgrenze) ein und setzte damit die grün-rote Landesregierung unter Entscheidungsdruck. Die Wähler sollten nach der FDP/DVP selbst entscheiden, ob die Bewerber für das anstrebte Amt zu alt seien oder nicht. Damit forderten sie genau das, was die Grünen wollten.

Da diese aber wohl aus Rücksicht auf den Koalitionspartner sich nicht für einen FDP/DVP-Antrag aussprechen wollten, musste noch vor der ersten Beratung des Gesetzesentwurfs am 8. Juli 2015 ein grün-roter Kompromiss gefunden werden.

Anfang Juli 2015[183] präsentierten die beiden Fraktionsvorsitzenden der Koalitionsfraktionen von Grünen und SPD, Edith Sitzmann und Claus Schmiedel,

den Vorschlag, die Wählbarkeitsgrenze von 65 auf 68 Jahre und die Ruhestandsaltersgrenze vom 68. bis zur Vollendung des 73. Lebensjahres anzuheben.

Bei der ersten Beratung des Gesetzesentwurfs der FDP/DVP-Fraktion im Landtag[184] sprachen sich dann die Vertreter beider Regierungsparteien gegen den FDP/DVP-Vorschlag aus und

---

[180] Vgl. BZ 24.4.2015
[181] Vgl. Südkurier 31.3.2015
[182] GesEntw FDP/DVP, DrS 15/6893 vom 13.5.2015
[183] Vgl. StZ 3.7.2015
[184] Vgl. 1. Beratung, PlPr 15/133 vom 8.7.2015, S. 7975 - 7981

kündigten an, einen eigenen Gesetzesentwurf mit dem Inhalt des vereinbarten Kompromisses vorzulegen. Die Oppositionsparteien sahen in der Anhebung der Wählbarkeitsgrenze einen „parteiideologischen Kompromiss" in Richtung einer Lex Kuhn und Lex Kretschmann, für den man bei der kommenden Landtagswahl eine Altersdiskussion vermeiden wolle. Aber auch die CDU-Landtagsfraktion wandte sich gegen die Aufhebung der beiden Altersgrenzen. Nach ihrer Auffassung brauche es keine zwei Altersgrenzen. Die Wählbarkeitsgrenze reiche aus. Den Beendigungszeitpunkt bringe ja die achtjährige Amtszeit automatisch mit sich. Ein Bürgermeister, der vor dem 65. Lebensjahr gewählt werde, könne dann seine Amtszeit zu Ende führen und scheide spätestens mit 73 Jahren aus dem Amt. Nachdem der Innenausschuss am 22.7.2015 einen entsprechenden CDU-Änderungsantrag und den FDP/DVP-Antrag abgelehnt hatte[185], fanden die beiden Anträge auch bei der abschließenden zweiten Beratung am 30. September 2015 im Landtag keine Mehrheit[186]. In derselben Sitzung verwies der Landtag den Gesetzesentwurf der Landesregierung für das Gesetz zur Änderung kommunalverfassungsrechtlicher Vorschriften vom 3.8.2015[187] zur weiteren Beratung in den Innenausschuss.[188] Zu dieser Beratung legten die Fraktionen der Grünen und der SPD einen gemeinsamen Änderungsantrag[189] vor, der auch die Änderung des § 46 Abs. 1 GemO BW (Anhebung der Wählbarkeitsgrenze von 65 auf 68 Jahre) und eine Änderung des § 36 Abs. 4 LBG (Heraufsetzung des Ruhestandsalters von 68 auf 73) vorsah.

Begründet wurde diese wie folgt:[190]

„Im Rahmen der Dienstrechtsreform 2010 sind die Altersgrenzen für den Eintritt in den Ruhestand kraft Gesetzes der Beamtinnen und Beamten angehoben und die Möglichkeiten der freiwilligen

---

[185] Vgl. BeschlEmpf und Bericht des InnenA vom 22.7.2015, DrS 15/7200
[186] Vgl. 2. Beratung, PlPr 15/137 vom 30.9.2015, S. 8196 – 8200, 8210
[187] Vgl. GesEntw LReg vom 28.7.2015, DrS 15/7265
[188] Vgl. 1. Beratung, PlPr, 15/137 vom 30.9.2015, S. 8217 - 8223
[189] Vgl. ÄAntr Grüne und SPD vom 2.10.2015, DrS 15/7480 Anlage 1
[190] Vgl. DrS 15/7480 Anlage 1, S. 28

Weiterarbeit durch Hinausschiebung des Eintritts in den Ruhestand erweitert worden. Auch den kommunalen Wahlbeamtinnen und Wahlbeamten, deren Altersgrenze derzeit bei Vollendung des 68. Lebensjahres liegt, soll es ermöglicht werden, länger als heute möglich ein Wahlamt wahrzunehmen. Da die Amtszeit des Wahlamts zeitlich begrenzt ist und durch eine demokratische Wahl begründet wird, kann es der Entscheidung der Wählerinnen und Wähler überlassen bleiben, ob sie eine lebensältere Bewerberin oder einen lebensälteren Bewerber als Bürgermeisterin oder Bürgermeister für geeignet halten. Dies gilt in gleicher Weise für die Landratswahl durch den Kreistag und für die Wahl der Beigeordneten durch den Gemeinderat. Für Beamtinnen und Beamte auf Zeit können von den für die Beamtinnen und Beamten auf Lebenszeit geltenden bundesrechtlichen Vorschriften abweichende Regelungen getroffen werden (§ 6 des Beamtenstatusgesetzes). Ein völliger Verzicht auf Altersgrenzen erscheint jedoch nicht angezeigt. Nach der Rechtsprechung des Bundesverfassungsgerichts sind Altersgrenzen grundsätzlich zulässig, um Personen von der Wählbarkeit auszuschließen, bei denen nach der Lebenswahrscheinlichkeit befürchtet werden kann, dass sie nicht bis zum Ende der Amtszeit in der Lage sein werden, den vom Amt geforderten hohen persönlichen Einsatz zu erbringen. Es entspricht der Lebenserfahrung, dass die Gefahr einer Beeinträchtigung der Leistungsfähigkeit auch heute noch mit zunehmendem Alter, insbesondere im achten Lebensjahrzehnt größer wird. Eine zeitliche Begrenzung der Amtsausübung der leitenden Beamtinnen und Beamten dient damit sowohl dem Schutz der Kommunen als auch der Amtsinhaberinnen und Amtsinhaber. Die Wählbarkeitshöchstaltersgrenze von 65 Jahren wird um drei Jahre auf 68 Jahre angehoben. Die Ruhestandsaltersgrenze der kommunalen Wahlbeamtinnen und Wahlbeamten wird von 68 auf 73 Jahre erhöht, da der bisherige geringstmögliche Zeitraum zwischen Wählbarkeitshöchstaltersgrenze und Ruhestandsaltersgrenze von drei Jahren als zu gering zur Ausübung eines durch demokratische Wahl begründeten Amts angesehen wird. Die Ruhestandsaltersgrenze von 73 Jahren geht dabei nicht über die Obergrenze hinaus, die sich auch bei Beibehaltung der derzeitigen

Wählbarkeitshöchstaltersgrenze von 65 Jahren mit Ermöglichung einer vollen Amtszeit von acht Jahren (so der Vorschlag des Städtetags und des Landkreistags im Rahmen der Anhörung zum Gesetzentwurf der Fraktion der FDP/ DVP – Drucksache 15/6893) ergeben würde. Zugleich bildet das entsprechende Lebensalter diejenige absolute Altersgrenze, bis zu der speziell für den Kreis der kommunalen Wahlbeamtinnen und Wahlbeamten aufgrund des für sie in der Regel üblichen beruflichen Werdegangs, des Eintritts in die Amtszeit in fortgeschrittenem Alter und der regelmäßigen Anforderungen des Wahlamts erfahrungsgemäß noch davon ausgegangen werden kann, dass sie den dienstlichen Beanspruchungen des Wahlamts genügen. Soweit dies im Einzelfall nicht mehr der Fall wäre, greifen die beamtenrechtlichen Möglichkeiten, frühzeitiger in den Ruhestand versetzt zu werden...' Die CDU-Fraktion brachte wiederum ihren obigen Vorschlag zur Altersgrenze ein. Am 23.10.2015 empfahl der Innenausschuss dem Landtag, nur dem Änderungsantrag der Regierungsfraktionen zuzustimmen. [191] Dies erfolgte in der Landtagssitzung am 14. Oktober 2015.[192]

Während des Gesetzgebungsverfahrens hatte sich der Gemeindetag Baden-Württemberg [193] für eine Aufhebung der Altersgrenze ausgesprochen und die Zielrichtung des FDP/DVP-Gesetzesentwurfs ausdrücklich unterstützt. Der Städtetag Baden-Württemberg [194] sprach sich gegen eine Abschaffung der Wählbarkeitshöchstgrenze aus und plädierte für die ersatzlose Aufhebung der Amtsausübungsgrenze von 68 Jahren. Der Verband Baden-Württembergischer Bürgermeister [195] war ebenfalls für die Beibehaltung der Wählbarkeitsgrenze von 65 Jahren. Bei Beibehaltung dieser Altersgrenze konnte er sich aber die Aufhebung der Ruhestandsaltersgrenze von 68 Jahren vorstellen, damit ein mit

---

[191] BeschlEmpf und Bericht des InnenA vom 7.10.2015, DrS 15/7558
[192] Vgl. 2. Beratung PlPr 15/139 vom 14.10.2015, S. 8318 – 8329; GesBeschl. vom 14.10.2015, DrS 15/7573
[193] Vgl. Stellungnahme vom 19.6.2015, DrS 15/7154 vom 20.7.2015, S. 1
[194] Vgl. Stellungnahme vom 30.6.2015, DrS 15/7154 vom 20.7.2015, S. 3
[195] Vgl. Stellungnahme vom 30.6.2015, DrS 15/7154 vom 20.7.2015, S. 8

64 Jahren wiedergewählter Bürgermeister die achtjährige Amtszeit auch erfüllen könne.

Bei der Analyse des politischen Entscheidungsprozesses fällt auf, dass die Grünen die „Verteidigung" des Kompromisses im Wesentlichen der SPD überlassen haben. Nach dem Motto: Sie hätten ja mehr gewollt, das Weniger sei ja schon eine Verbesserung. Die SPD musste so deutlich machen, warum sie mehr gegeben hat als sie wollte. Dies wirft die Frage auf, ob es den Grünen nicht von vorneherein aus parteitaktischen Überlegungen auf eine Anhebung der Wählbarkeitshöchstgrenze ankam und sie die Aufhebung aller Altersgrenzen nur gefordert haben, um dieses Ziel auf dem Kompromissweg zu erhalten. Mit Erhöhung der Wählbarkeitsgrenze auf 68 Jahre war klar, dass die Ruhestandsaltersgrenze nicht bei 68 Jahre bleiben konnte. Aus Sicht der Grünen (Pro Aufhebung) hätte sie auch bei 76 Jahren liegen können, um die Ableistung der Amtszeit von 8 Jahren zu ermöglichen. Dass sie bei 73 Jahren festgelegt wurde, hatte die SPD argumentativ zu rechtfertigen. Dies galt auch für die Frage der CDU-Fraktion, was es für einen Sinn mache, die Wählbarkeitsgrenze auf 68 Jahre anzuheben und die Gewählten mit 73 wieder zwangsweise in den Ruhestand zu schicken.[196] Der Hinweis in der Gesetzesbegründung, die neue Ruhestandsaltersgrenze gehe nicht über die Obergrenze hinaus, die sich auch bei der Beibehaltung der Wählbarkeitshöchstaltersgrenze von 65 mit Ermöglichung einer vollen Amtszeit von acht Jahren ergeben würde[197], klingt so, als habe man ja nicht die Wählbarkeitsgrenze erhöht, sondern nur die Ausübungsgrenze angehoben.

Letztlich wurden zur Begründung der Festlegung der Ausübungsgrenze auf 73 Jahre und gegen ihre weitere Erhöhung oder gar Aufhebung von der SPD-Fraktion klassische Contra-Argumente angeführt. Man wolle den „ewigen" Bürgermeister verhindern[198], es habe schon früher Fälle gegeben, dass ältere Bürgermeister mit zunehmenden Alter „seltsame Entscheidungen" gefällt und

---

[196] Vgl. PlPr 15/133 vom 8.7.2015, S. 7977
[197] Vgl. DrS 15/7480 Anlage 1, S. 28
[198] Vgl. PlPr 15/133 vom 8.7.2015, S. 7980

manchmal „noch seltsamere Verhaltensweisen an den Tag" gelegt hätten [199], was damals zur Einführung der Amtsausübungsgrenze geführt habe. Bei einer Aufhebung der Altersgrenzen müsste man auch daran denken, eine Abwahlmöglichkeit zu schaffen und auch überlegen, ob man nicht die Untergrenze von 25 Jahren in Frage stelle.[200] Außerdem nähmen hauptamtliche Bürgermeister nicht nur ein kommunalpolitisches Amt wahr, sondern der Staat „bediene"[201] sich auch für seine Aufgaben der Bürgermeister.

Sie würden also nicht nur gegenüber ihrer Gemeinde Verantwortung tragen, sondern auch gegenüber dem Staat.

---

[199] Vgl. PlPr 15/137 vom 30.9.2015, S. 8198
[200] Vgl. PlPr 15/133 vom 8.7.2015, S. 7981; PlPr 15/137 vom 30.9.2015, S. 8198; DrS 15/7200, S. 2
[201] Vgl. SPD-Innenmister Gall, PlPr 15/133 vom 8.7.2015, S. 7981; PlPr 15/137 vom 30.9.2015, S. 8200

4. Bisherige Auswirkungen und Bewertung der Reform

4.1 Bisherige Auswirkungen der Reform

Die Reform 2015 ist am 1.2.2016 in Kraft getreten. Seit diesem Zeitpunkt können sich auch in Baden-Württemberg erstmals auch 65-, 66- und 67-jährige Personen für eine Kandidatur zum Bürgermeister oder als Amtsinhaber für eine erneute Kandidatur entscheiden und die Wähler konnten entscheiden, ob sie dieses „Angebot" auch bei jüngeren Gegenkandidaten annehmen. Die Heraufsetzung der Ruhestandsaltersgrenze auf das 73. Lebensjahr bietet zudem seit dem 1.2.2016 nun auch älteren Kandidaten – i.d.R. älteren Amtsinhabern – in der Altersspanne von 60 bis 64 Jahren erstmals die Chance, bei einer Wahl länger im Amt zu bleiben und in den meisten Fällen die volle Amtszeit absolvieren zu können.

Die Analyse der 216 Wahlen hat ergeben, dass bei 23 Wahlen Kandidaten 65 Jahre und älter gewesen sind. Dabei trat allerdings der 67-jährige Kandidat der „Nein-Partei", Alfred Wilhelm", bei 22 Wahlen an, dessen Kandidaturen aus naheliegenden Gründen für die vorliegende Arbeit keine wesentliche Rolle spielen.

Dasselbe gilt für den 65jährigen Kandidaten bei der Bürgermeisterwahl am 12.3.2017 in der Gemeinde Korb (vgl. 1.5). Bei drei Wahlen kommt die Anhebung der Ruhestandsaltersgrenze den (wiedergewählten) Bürgermeistern zugute (vgl. auch dazu 1.5).

Insoweit stellen sich die bisherigen Auswirkungen der Reform als sehr überschaubar dar. Allerdings hängt die Beantwortung der Frage, ob diese „wirkt", auch von Gesichtspunkten ab, die im Rahmen dieser Arbeit nicht einbezogen werden konnten. Tiefergehende Analysen über die Auswirkungen der Reform – und damit letztlich auch über ihre Bewertung – werden sich folgenden Fragen stellen müssen:

- Bei wie vielen Bürgermeisterwahlen im Jahr gibt es überhaupt die Gelegenheit, dass sich die Reform in den beiden oben aufgezeigten Konstellationen auswirken kann?

Zwar ist dies theoretisch bei jeder Wahl der Fall. In der Regel wird es aber Amtsinhaber betreffen, die nach Vollendung ihrer Amtszeit das 65. Lebensjahr vollendet haben oder sich in der Altersspanne von 60 bis 64 Jahren befinden und sich entscheiden müssen, ob sie noch einmal antreten.

- Wie viele Amtsinhaber entscheiden sich in diesen Konstellationen für eine erneute Kandidatur und wie viele nicht?

- Steigt die Anzahl der Kandidaturen in der Zeitspanne vor Vollendung des 65. Lebensjahres signifikant gegenüber der Anzahl der Kandidaturen vor der Reform an?

Diese waren ja auch schon damals möglich; allerdings ohne die Möglichkeit eine volle Amtszeit zu wirken.

4.2 Einschätzung der Reform und weiterer Reformbedarf

4.2.1 Landespolitik und Interessenverbände

Die diesem Personenkreis zugehörigen politischen Akteure wurden befragt, ob sich ihrer Ansicht nach die Reform bewährt habe, sie weiteren Reformbedarf sähen und die Landtagsfraktionen und das Innenministerium dazu eine parlamentarische Initiative in der laufenden Legislaturperiode planten. Den Landtagsfraktionen der SPD und der Grünen wurden darüber hinaus Fragen zu den Hintergründen des Reformkompromisses 2015 gestellt.

Eine weitere an alle gerichtete Frage betraf die Notwendigkeit der Schaffung einer Abwahlmöglichkeit von Bürgermeistern im Zusammenhang mit der Aufhebung der Altersgrenzen oder aus sonstigen Gründen. Diese Antworten hierzu werden im Kapitel 4.2.4 abgehandelt.

Alle Befragten – bis auf die Landtagsfraktion der AfD, die sich an Befragung nicht beteiligt hat – sind der Ansicht, dass es für eine Bewertung der Reform in Sinne einer Bewährung angesichts der kurzen Zeit – Inkrafttreten erst am 1.2.2016 – zu früh sei. Sie legen dann als Grundlage für ihre Antworten nochmals ihre im

Reformprozess vertretenen Positionen dar (vgl. zum genauen Wortlaut der Fragen und der Antworten der jeweiligen Adressaten: Anlagen 1 - 17).

Die FDP/DVP-Landtagsfraktion bekennt sich nach wie vor zu ihrem Ziel, nämlich der kompletten Aufhebung der Altersgrenzen. Da sie dafür derzeit im Landtag keine politische Mehrheit sieht, will sie dort indes keine Initiative ergreifen. Die Landtagsfraktion der Grünen räumt ein, dass sie mehr wollten, aber die SPD-Landtagsfraktion mit einer „sehr viel restriktiveren Haltung" in die Verhandlungen gegangen sei und die vollständige Abschaffung der Obergrenzen abgelehnt hätte. Angesichts der bestehenden Differenzen habe die Kompromisslinie in einer Heraufsetzung der Altersgrenze bestanden. Warum die anschließende Frage nach dem Handlungsbedarf für eine erneute Reform mit dem Satz „**Deshalb** ist auch keine Prüfung bzw. erneute Änderung im Koalitionsvertrag [mit der CDU d. V.] vorgesehen" beantwortet wird, ist nicht nachvollziehbar. Es kann nur vermutet werden, dass damit auf den an keiner Stelle der Antworten erwähnten neuen Koalitionspartner Bezug genommen werden sollte. Die CDU-Landtagsfraktion hat im Reformprozess eine „feste und klare" Altersgrenze für richtig gehalten, zu der sie sich auch in ihrer Antwort weiterhin ausdrücklich bekennt. Für eine Aufhebung der Altersgrenze gibt es damit auch in einer grün-schwarzen Koalition keine Mehrheit. Allerdings wollte es die CDU-Landtagsfraktion Bürgermeistern ermöglichen, die volle Amtszeit abzuleisten. Dazu müsste im Hinblick auf die angehobene Wählbarkeitsgrenze das Ruhestandsalter aber auf 76 Jahre hochgesetzt werden, was nicht der bisherigen CDU-Position entspricht.

Auch für die CDU-Landtagsfraktion steht daher „keine Änderung auf der politischen Agenda für diese Legislaturperiode" an, wobei sie diese Feststellung aber auf die noch fehlenden Erfahrungen mit der Reform bezieht. Auch das nun CDU-geführte Innenministerium weist in seiner Antwort darauf hin, dass im Koalitionsvertrag von Grünen und CDU für die laufende Legislaturperiode eine Überprüfung der Altersgrenzen nicht vorgesehen sei und nennt aber nicht den Dissens der Regierungsparteien, sondern die noch fehlenden Erfahrungen mit der Reform als Grund dafür. Für die SPD-Landtagsfraktion gibt es nach ihrer Antwort keinen weiteren Handlungsbedarf für weitere Reformen. Dies überrascht nicht, da sie mit dem Reformkompromiss ja schon mehr gegeben hat, als sie wollte. Die Antwort „Wir hätten auch ohne Koalitionspartner genauso gehandelt" auf die Frage, ob die SPD-Landtagsfraktion die Reform genauso beschlossen hätte, wenn sie im Landtag ohne Koalitionspartner die Mehrheit gehabt hätte, überrascht im Hinblick auf den oben dargestellten Reformprozess (vgl. 3.5) dafür umso mehr.

4.2.2 Bürgermeister

Wie sehen die unmittelbar betroffenen Bürgermeister die Reform 2015? Im Allgemeinen und für sich selbst? Hierzu ein – wenn auch nicht repräsentatives – Meinungsbild zu erhalten, war der Grund für die oben näher beschriebene (vgl.1.5) Fragebogenaktion. An ihr nahmen von 38 angeschriebenen Bürgermeistern 22 teil. Dies entspricht einer Rücklaufquote von 57,89 %. Die detaillierte Auswertung der Befragung befindet sich in der Anlage 22.

Welche Amtsinhaber haben sich an ihr beteiligt?

Das Alter der Teilnehmer liegt zwischen 30 und 64 Jahren. Der Durchschnittswert beträgt 49,09 Jahre. Damit liegt dieser im Bereich des Durchschnittswerts für Baden-Württemberg von 49,8 Jahren.[202] 20 Teilnehmer waren männlich und zwei weiblich. Ihr Anteil ist mit 9 % nahe bei dem in Baden-Württemberg vorzufindenden Frauenanteil von 7,5 %. [203] Altersmäßig sind die Teilnehmerinnen mit einem Durchschnitt von 40,5 Jahren deutlich jünger als der Durchschnittswert aller Teilnehmer. Sie kommen aus einer Gemeinde zwischen 0 – 5000 Einwohner und einer Gemeinde zwischen 5000 und 10.000 Einwohner.

Das Datum der erstmaligen Wahl der Teilnehmer liegt zwischen 1988 und 2016. Damit bewegt sich die Spannweite der Amtszeiten zwischen

---

[202] BNN 15.6.2016
[203] StN 27.9.2017

einem und 29 Jahren. Insgesamt ergibt sich eine durchschnittliche Amtszeit von 13,38 Jahren.

Im Hinblick auf die Gemeindegröße haben Bürgermeister aus allen im Fragebogen aufgeführten Größenklassen (0 – 5000 Einwohner bis über 50.000 Einwohner) beteiligt. Den Schwerpunkt bilden Kommunen zwischen 5000 und 10.000 Einwohnern (elf Teilnehmer) und Kommunen unter 5000 Einwohner (sieben Teilnehmer).

Was haben die Teilnehmer der Befragung zur Reform zu sagen?

Frage 1: Halten Sie die Anhebung der Wählbarkeitsgrenze auf 68 Jahre für sinnvoll?

Diese Frage beantworten elf Teilnehmer mit „Ja" und zehn Teilnehmer mit „Nein". Allerdings lassen offene Antworten[204] von zwei Teilnehmern darauf schließen, dass sie die Sinnhaftigkeit der Reform nur verneint haben, weil sie ihnen nicht weit genug geht. Weiter lehnen drei Teilnehmer jedwede Altersgrenze ab und verdeutlichen, dass nur der Wählerwille ohne jede Einschränkung entscheiden solle.[205] Als weiter erwähnenswert wird bei „Ja"-Antworten die Sicherung von „Expertenwissen"[206] und der „Fachkräftemangel"[207] thematisiert.

Die beiden Teilnehmer der Befragung aus Kommunen zwischen 20.000 und 50.000 Einwohnern lehnen die Reform ab. Dies zeigt sich auch bei den weiteren Fragen. Dasselbe gilt ebenso für den Teilnehmer aus einer Kommune mit über 50.000 Einwohnern, der allerdings bei der Frage 1 mit „Weiß nicht" geantwortet hat.

Die Teilnehmerinnen votierten unterschiedlich mit „Ja" und „Nein".

---

[204] „Es bedarf überhaupt keiner Altersgrenze. Das Regulativ ist der Wähler"; „Es sollte auch die Altersgrenze auf Kreis-, Landes- und Bundesebene entsprechend angepasst werden."
[205] „Das Lebensalter sagt oft wenig über die geistige und körperliche Leistungsfähigkeit aus. Die Wählerinnen und Wähler sind selbst die besten "Beurteiler"."; Die Bürger können mit ihrer Stimme entscheiden ob sie jemanden in diesem Alter wählen wollen oder nicht"; „Es bedarf überhaupt keiner Altersgrenze, das Regulativ ist der Wähler"
[206] „Gewinnung von Seniorexperten"
[207] „Fachkräftemangel"

Frage 2: Komplette Abschaffung der Altersgrenze?

13 Teilnehmer (= 59 %) sind für und neun Teilnehmer gegen eine Abschaffung jeglicher Altersgrenzen. Bei den offenen Antworten wird insbesondere Bezug genommen auf die nicht vorhandene Obergrenze bei Ministern[208] und die freie Entscheidungsmöglichkeit des Wählers[209] ins Feld geführt. Ein Teilnehmer findet, dass manche Bürgermeister durch diese Möglichkeit ggf. zu lange im Amt „kleben bleiben" könnten.[210] Auch beide Teilnehmerinnen sprechen sich für eine komplette Abschaffung der Altersgrenze aus, während die Teilnehmer aus größeren Kommunen (20.000 bis 50.000 bzw. über 50.000 Einwohner) dies ablehnen.

Frage 3: Nochmalige Kandidatur im Alter von 65 oder höher?

Eine deutliche Mehrheit der Teilnehmer (14 = 63 %) kann sich nicht vorstellen, selber in diesem Alter nochmals zu kandidieren. Nur vier Teilnehmer – alle männlich – können sich eine Kandidatur vorstellen. Sie kommen alle aus Kommunen zwischen 5000 – 10.000 Einwohner und sind alle zwischen 53 und 58 Jahre alt und weisen ähnlich lange Amtszeiten auf. Sie sind jeweils einmal 16 und zweimal 17 Jahre im Amt. Nur der Vierte ist mit 21 Jahren ein Ausreißer. Drei der Vier[211], die die Frage 3 mit „Ja" beantwortet haben, waren auch bei der Frage 4 dafür, dass Bürgermeister ihre volle Amtszeit ableisten können. In den offenen Antworten wird zweimal das Thema „Gesundheit"[212] und einmal die „noch vorhandene Beliebtheit bei den Bürgern"[213] angesprochen. Ein Bürgermeister lehnt für sich eine nochmalige

---

[208] „Es gibt keinen vernünftigen Grund für die Altersgrenze, bei Ministern gibt es auch keinen"

[209] Fachkräftemangel und Wähler kann entscheiden, ob er einen Kandidaten aus Altersgründen nicht mehr wählen will"

[210] „Irgendwann muss mal Schluss sein. Manche erkennen diesen Zeitpunkt nicht von alleine."

[211] Eine Person bei Frage 4 „weiß nicht"

[212] „wenn die Gesundheit mitspielt und ich noch den Eindruck habe, dass die Leute mich gern als ihren BM sehen"; „sofern gesundheitliche Gründe nicht entgegenstehen"

[213] „wenn die Gesundheit mitspielt und ich noch den Eindruck habe, dass die Leute mich gern als ihren BM sehen"

Kandidatur ab, weil er bereits mit 28 Jahren Bürgermeister geworden sei.

Frage 4: Vollendung der Amtszeit bei Wahl mit 65, 66 oder 67?

Neun Teilnehmer sind dafür, dass auch diese Bürgermeister erst nach Ablauf der achtjährigen Amtszeit in den Ruhestand versetzt werden. Zehn sprechen sich dagegen aus. Sieben der neun Befürworter kommen aus Gemeinden zwischen 5000 und 10.000 Einwohnern. Die Teilnehmer aus Kommunen zwischen 20.000 bis 50.000 Einwohnern lehnen dies ab. Der Teilnehmer aus der Kommune mit mehr als 50.000 Einwohnern gab kein Votum ab. Die weiblichen Teilnehmer stimmen mit „Ja" und „weiß nicht" unterschiedlich ab.

Fünf der neun Befürworter sind zwischen 51 und 54 Jahre alt, zwei zwischen 40 und 45 und jeweils einer 37 und 64 Jahre alt. Bei der Amtsdauer lässt sich keine Regelmäßigkeit erkennen. Bemerkenswert ist, dass von diesen neun nur drei Teilnehmer auch die Frage 3 (selbst nochmals mit 65 oder älter zu kandidieren) mit „Ja" beantwortet haben.

Aus der Verknüpfung der Antworten ergeben sich weitere interessante Erkenntnisse:

Die Teilnehmer an der Befragung halten mehrheitlich die Anhebung der Wählbarkeitsgrenze für sinnvoll. Allerdings zeigen die Antworten zu Frage 2 (generelle Aufhebung der Wählbarkeitsgrenze), dass sie ihnen nicht weit genug geht. So haben bis auf zwei alle Teilnehmer, die die Frage 1 mit Ja beantwortet haben, auch die Frage 2 mit einem Ja beantwortet.

Bemerkenswert ist weiter, dass die Teilnehmer stark zwischen grundsätzlicher Bewertung der Reform und persönlichen Konsequenzen unterscheiden. Dies zeigt sich deutlich bei den Fragen 2 und 3. Von denjenigen, die die Frage 1 (Anhebung der Wählbarkeitsgrenze sinnvoll?) und die Frage 2 (Aufhebung jeglicher Altersbeschränkung?) jeweils mit Ja beantworteten, haben nur vier Teilnehmer auch die Frage 3 (Können Sie sich vorstellen, selber nochmals im Alter von 65 Jahren oder höher zur (Wieder-)Wahl anzutreten?) mit einem Ja beantwortet. Diese kommen alle aus

Kommunen zwischen 5000 und 10.000 Einwohnern und sind alle männlich. So haben sich auch die beiden Teilnehmerinnen, die sich bei der Frage 2 für eine Abschaffung der Altersgrenze ausgesprochen hatten, für sich persönlich eine Kandidatur im Alter 65 und mehr ausgeschlossen. Auch von denjenigen, die dafür sind, dass auch im Alter von 65 oder höher gewählte Bürgermeister ihre volle Amtszeit ableisten dürfen, können sich nur ein Drittel vorstellen, in diesem Alter nochmals zu kandidieren.

Weiter fällt auf, dass die Teilnehmer an der Befragung aus größeren Kommunen die Reform, eine generelle Aufhebung der Altersgrenze und die Möglichkeit der Ableistung der vollen Amtszeit und die eigene Bereitschaft für eine Kandidatur mit 65 Jahren oder älter negativer beurteilen als die Teilnehmer aus den kleineren Kommunen. Diese unterschiedliche Einstellung kann mit der wohl größeren Arbeitsbelastung in größeren Kommunen im Vergleich zu kleineren Gemeinden zusammenhängen.

4.2.3 Nutznießer der Reform

Der am 12.3.2017 im Alter von 64 Jahren mit 53,14 % in der Gemeinde Waldbronn wiedergewählte Bürgermeister Franz Masino[214] gehört zu den bisherigen Nutznießern der Reform 2015 (vgl. 1.5). Statt mit Vollendung des 68. Lebensjahres in den Ruhestand treten zu müssen, kann er nun die volle Amtszeit von acht Jahren absolvieren.

In dem mit ihm am 6.10.2017 geführten Interview[215] begrüßte er die Anhebung der Altersgrenzen für Bürgermeister.

„Ich finde die Reform sehr gut. Auch wenn ich Sozialdemokrat bin, bin ich dafür, dass das Rentenalter hochgesetzt wird (...) Warum sollte man denn dann diese Kompetenzen, die es im Alter gibt, einfach in die Pension schicken müssen?"

---

[214] Vor der Wahl zum Bürgermeister war er seit 1999 Gemeinderat und seit 2004 Fraktionsvorsitzender der SPD-Gemeinderatsfraktion in Waldbronn. Beruflich hat er bis zu seiner Wahl zum Bürgermeister nach Ablegen der Meisterprüfung ein Baugeschäft selbstständig geführt.
[215] Vgl. Anlage 23

Diesen Menschen, die Gelegenheit zu geben, länger bleiben zu können, findet Bürgermeister Masino auch für Bürgermeister gut:

„Zumal wir ja wissen, dass es nicht so leicht ist, für jeden Stuhl eines frei werdenden Bürgermeisters, nennen es wir mal „Ersatz" zu finden. Und da finde ich es schon gut, wenn Leute, die das, sagen wir mal zwei Perioden gemacht haben, dann aufgrund der Reform noch eine Periode dranhängen können. Ganz klar: es ist ein anstrengender Job (…)Aber wenn man schon mal auf die 65 zugeht, kommt doch eine gewisse Gelassenheit dazu und die ist ganz wichtig in dem Job. Die „dicke Haut", die man dafür braucht; und dann kann man das auch – wenn so will – mit fortgeschrittenen, Alter (…)Ich habe mich gefreut. Ganz einfach, dass ich nicht nur drei Jahre machen darf, sondern acht Jahre (…) Auch nach der alten Altersregelung hätte ich nochmal kandidiert, weil mir das Amt so eine große Freude macht. Und jetzt habe ich eben das Glück, dass ich nochmals eine ganze Periode machen darf."

Bürgermeister Masino würde auch eine Regelung befürworten, die es auch den im Alter von 65 Jahren oder älter gewählten Amtsinhabern ermöglicht, eine volle Amtszeit zu arbeiten. Eine völlige Aufhebung der Altersgrenzen lehnt er jedoch ab:

„Ich denke irgendwann sollte Schluss sein. Und das sollte nicht so sein, dass ich da oben im Rathaus an Altersdemenz leidend auf dem Sessel einschlafe. Ich glaube schon, dass man ab einem gewissen Alter irgendwie an Grenzen kommt."

Für den Waldbronner Bürgermeister gibt es besondere Eigenschaften, die ein Bürgermeister mitbringen sollte:

„Das Alter spielt schon eine Rolle. Eine gewisse Lebenserfahrung, die sollte einfach vorhanden sein (…) Man muss die Menschen lieben. Man sollte ein geselliger Mensch sein, denn du wirst ja ständig und überall angesprochen. Also das muss einem schon liegen, der Umgang mit den Menschen. Der muss gepflegt werden und das ist auch ganz wichtig. Denn das Amt des Bürgermeisters (…) heißt **Bürger***meister. Es heißt nicht* **Rathaus***meister und es heißt nicht* **Schreibtisch***meister. Es heißt Bürgermeister und meine*

Ansprechpartner sind die Bürger (…) Ich bin der Mann zwischen dem Bürger und dem Rathaus. Und es ist ganz wichtig, ganz, ganz wichtig, dass das der Bürgermeister ist. Und sollte er nicht mehr die erste Ansprechperson für den Bürger sein, dann hat er verloren".

Danach hat der Kontakt mit dem Bürger für Bürgermeister Masino einen sehr hohen Stellenwert. Fachwissen hält er demgegenüber in einer Gemeinde in der Größe Waldbronns (12.000 Einwohner) nicht für entscheidend:

„In einer kleinen Gemeinde mit 2000 bis 5000 Einwohnern wollte ich nicht Bürgermeister sein. Denn dafür hätte ich den Background, Fundus, die Ausbildung gar nicht. Hier habe ich meine Amtsleiter, wir haben ja mehrere Ämter, ich habe sogar ein Rechtsamt. Also das Personal und das Fachwissen sind da. Und dafür hätte ich gar nicht den Backgrund, um das auszufüllen. Aber in einer Gemeinde unserer Größe -, das möchte ich nochmals betonen - da kann auch ein Quereinsteiger Bürgermeister sein. Gut ist natürlich, wenn er – ähnlich wie ich - vielleicht schon ein Stückweit kommunalpolitische Erfahrung hat. Und es ist etwas ganz was Eigenes und Besonderes, wenn man in seiner Heimatgemeinde Bürgermeister sein kann. "

Entsprechend sah er auch in einem Artikel des Internetportals Region News [216] seine Person und seiner Verwurzelung im Ort als maßgebenden Faktor für seine Wiederwahl an:

„Nicht Fachkompetenz, Fachwissen oder andere Dinge, sondern meine Person war es, die mich bei den Waldbronnern so beliebt macht. "

Für Außenstehende stellt sich dennoch die Frage, ob nicht auch das Alter der Kandidaten für das Amt des Bürgermeisters das Wahlergebnis in Waldbronn zugunsten oder zulasten eines Bewerbers beeinflusst hat? Immerhin war der Amtsinhaber Franz Masino bereits

---

[216] Vgl. Regio News 13.3.2017

64 Jahre alt und sein stärkster „Herausforderer" Jonathan Berggötz[217] - mit beachtlichen 41,96 % - erst 30 Jahre jung.

Der Presseberichterstattung lässt sich nicht entnehmen, dass das Alter der Kandidaten im Wahlkampf eine Rolle spielte. Nur in dem Bericht über die Kandidatenvorstellung erwähnte die BNN[218], dass Franz Masino für die vollen acht Jahre zur Verfügung stehe. Dies allerdings wertfrei und ohne Bezugnahme auf sein Alter. Erst im Zusammenhang mit dem Wahlergebnis thematisierte die BNN[219], dass dieser von der Neuregelung der Gemeindeordnung profitiere.

Der Verfasser hat daher sowohl Herrn Masino im Interview am 6.10.2017 als auch Herrn Berggötz schriftlich am 18.10.2017 befragt[220], ob aus ihrer Sicht das Alter der Kandidaten im Wahlkampf eine Rolle gespielt habe.

---

[217] Er ist Persönlicher Referent und Büroleiter des Oberbürgermeisters in Rastatt und hat in Kehl an der Hochschule für öffentliche Verwaltung das Verwaltungsstudium „Public Management" absolviert. Er sitzt im Landesvorstand der überparteilichen Europa Union und ist Mitglied des Rundfunkrates des SWR.
[218] BNN 7.3.2017
[219] BNN 12.3.2017
[220] Vgl. Anlage 24

Herr Masino erklärte hierzu:

„Eigentlich eine untergeordnete Rolle, was mich auch ein Stück weit gewundert hat. Es ist im Wahlkampf eigentlich gar nicht so thematisiert worden. Also von der Gegenseite. Höchstwahrscheinlich, weil alle, die mich im Dorf kennen, wissen, was ich für eine Power habe. Ich glaube, damit hätte man sich auch gar keinen Gefallen getan, weil eigentlich alle wussten: Der Franz, der ist nicht unterzukriegen, wenn der jetzt sagt, dass er das noch acht Jahre macht, dann macht er das auch noch acht Jahre. Und nicht dann noch zwei, drei Jahre und dann lässt er es auslaufen. Ich denke, dass ich da sehr glaubwürdig in meiner Aussage war, dass das Alter für mich überhaupt kein Problem ist. Die Glaubwürdigkeit, die war ganz wichtig!"

Herr Berggötz wies darauf hin, dass das Alter des Amtsinhabers und sein Alter gelegentlich von Bürgerinnen und Bürgern thematisiert worden seien:

„Hinsichtlich unseres Alters habe ich allerdings positive wie auch negative Äußerungen gehört. Mit meinen 30 Jahren sahen mich manche Personen als dynamisch und offen für frische Ideen. Andere trauten mir gewisse Führungsstärke nicht zu und versagten mir Lebenserfahrung. Herr Masino als Amtsinhaber stand kurz vor seinem 65. Geburtstag. Viele Bürgerinnen und Bürger sahen in ihm einen erfahrenen und gestandenen Mann. Gleichzeitig wurde aber auch thematisiert, dass man in diesem Alter keine acht Jahre in dieser besonderen Funktion durchstehen könne."

Er selber habe weder sein Alter noch das seines Kontrahenten im Wahlkampf thematisiert:

„Wie bereits erwähnt, könnte jegliches Alter auch negativ ausgeschlachtet werden. Ich finde dies jedoch keinen guten Stil, jemanden aufgrund seines Alters zu diskretirieren bzw. ihm Schwächen vorzuwerfen."

Herr Berggötz geht letztlich davon aus, dass das Alter einen Einfluss auf den Wahlausgang gehabt habe:

„Ich weiß allerdings nicht, in welche Richtung es auschlaggebend war. Fakt ist, manche Leute lassen sich vom Alter der Bewerber leiten..."

4.2.4 Eigene Stellungnahme

Soll es für die Wählbarkeit zum Bürgermeister und die Ausübung des Amts keine Höchstaltersgrenzen geben? Oder sollen diese wie bisher beibehalten werden?

Wer sich dieser Frage stellt, sieht sich mit dem Problem konfrontiert, das Igl als die allgemeine „Crux der Höchstaltersgrenzen" [221] bei beruflichen Tätigkeiten bezeichnet hat. Diese besteht nicht darin, dass es im höheren Alter tatsächlich eine geminderte und im Regelfall nicht mehr ausreichende Leistungsfähigkeit für die Ausübung eines Berufs gibt, sondern dass das Abstellen auf die Leistungsfähigkeit in generalisierender und typisierender Weise bezogen auf ein starres Lebensalter stattfindet. Diese Altersgrenze ist aber nicht in Stein gemeißelt. Sie wird beeinflusst durch eine höhere Lebenserwartung der Menschen, bestimmte gesellschaftliche Altersbilder sowie Bedürfnisse und den Anforderungen, die eine berufliche Tätigkeit an die Menschen stellt. Wo liegt eine solche Altersgrenze für Bürgermeister? Kann wirklich ab Vollendung des 73. Lebensjahres davon ausgegangen werden, dass jenseits dieser Grenze die Gefahr signifikant ansteigt, dass ein Bürgermeister sein Amt altersbedingt nicht mehr effektiv und kontinuierlich ausüben kann? Hängt dies nicht auch von den konkreten Anforderungen seines Amts ab? Was muss ein Bürgermeister leisten können? Welche altersbedingt gefährdeten Fähigkeiten braucht er hierfür? Auch wenn seine Aufgaben rechtlich gleich sind, sind auch die Anforderungen einer Gemeinde mit 4500 Einwohnern mit denen einer großen Stadt vergleichbar? Selbst wenn man insoweit nicht differenzieren dürfte, weil z.B. ein Oberbürgermeister mehr Mitarbeiter hat, stellt sich weiter die Frage, ob nicht bei Bürgermeistern im höheren Alter nach den Erkenntnissen der neueren Altersforschung (Kompetenzmodell des Alters) gerade die Fähigkeiten und Kompetenzen zunehmen, die sie

---

[221] Vgl. Igl 2013b, S. 180

für die Anforderungen ihres Amtes brauchen. Soweit ersichtlich gibt es hierzu keine empirischen Untersuchungen.

Wie kommt man dann zu einer sinnvollen und nicht willkürlichen Altersgrenze für Bürgermeister? Die Rechtsprechung stellt dazu fest, dass die Bestimmung der gesetzlichen Altersgrenze „nicht Aufgabe der Verwaltungsgerichte [222] " sei und verweist auf die „Einschätzungsprärogative" des Gesetzgebers, dem es vorbehalten sei, wertend die mit dem Amt als (Ober-)Bürgermeister verbundenen Anforderungen an die physische und psychische Leistungsfähigkeit einzuschätzen. Der Gesetzgeber wiederum rechtfertigt letztlich die von ihm festgesetzte Altersgrenze damit, dass die Rechtsprechung eine solche Festsetzung nicht beanstandet habe.

Das Problem wäre nicht gegeben, wenn die generalisierenden Höchstaltersgrenzen nicht auf die Leistungsfähigkeit bezogen wären, sondern anderen legitimen Ziele dienten.

In diesem Zusammenhang finden sich in der Diskussion über Höchstaltersgrenzen Überlegungen zum Nachwuchsproblem für Bürgermeister. So soll die Aufhebung der Höchstaltersgrenzen dazu beitragen, dass Amtsinhaber länger im Amt bleiben, um damit dem künftigen Mangel an qualifizierten Bewerbern entgegenzuwirken. Nach anderer Ansicht sollten die Altersgrenzen beibehalten werden, weil die Aufhebung der Altersgrenzen das Nachwuchsproblem noch dadurch verschärfen könnte, dass potentielle Arbeitsplätze für die weniger werdenden Bewerber noch länger durch Amtsinhaber „blockiert" würden.

Beide Auffassungen überzeugen nicht. Zwar dürfte ein Nachwuchsproblem bestehen. Gehne[223] weist schon 2012 darauf hin, dass aus verschiedenen Gründen sich die Anzeichen mehrten, dass die Gewinnung von geeignetem Nachwuchs in Zukunft schwieriger werden könnte. Auch Klein [224] stellt fest, dass das Potential an Bewerbern in den letzten Jahren geringer geworden und zukünftig zu

---

[222] So OVG Rheinland-Pfalz, a. a. O.
[223] Vgl. Gehne 2012, S. 84
[224] Vgl. Klein 2014, S. 10 und S. 228

erwarten sei, dass sich noch weniger Kandidaten für das Amt des Bürgermisters bewerben würden. Schwarz [225] ermittelt bei einer Analyse aller Bürgermeisterwahlen in Baden-Württemberg im Zeitraum 2010 bis 2015, dass bei Bürgermeisterwahlen im Schnitt 2,5 Kandidaten angetreten seien und prognostiziert, dass bei den Kandidatenzahlen von einem längerfristig angelegten rückläufigen Trend auszugehen sei. Der Vorsitzende des Verbandes Baden-Württembergischer Bürgermeister Hans Zellner [226] ist ebenfalls der Ansicht, dass es immer schwieriger werde, geeignete und qualifizierte Kandidaten zu gewinnen. Diese Ansicht teilen auch seine Kollegen. Bei der Bürgermeisterbefragung 2015 [227] der Hochschule für öffentliche Verwaltung Kehl stimmten 70,6 % der Aussage zu, dass es zu wenig geeignete Kandidaten für den Bürgermeisterposten in Baden-Württemberg und damit ein Nachwuchsproblem gäbe.

Weder die Aufrechterhaltung noch die Aufhebung der generalisierenden Altersgrenzen könnten jedoch den sich abzeichnenden Mangel an qualifizierten Kandidaten für das Bürgermeisteramt bzw. seine Folgen verringern. Wehling/Siewert haben von der Lust und der Last im Hinblick auf das Bürgermeisteramt gesprochen. [228] Gestaltungsmöglichkeiten, Selbstständigkeit und die Vielseitigkeit der Aufgaben ist die Lust, die das Amt seinen Inhabern zu bieten habe. Dem stehe als Last gegenüber ein enormer Zeitaufwand und die Beanspruchung der gesamten Person: Immer im Dienst, die Familie mit beansprucht, Bürgermeister sei man mit Haut und Haaren.

Heute haben jedoch immer weniger Personen Lust auf diese Last. [229] Die Lust auf Last hat nachgelassen. Dies liegt unter anderem am Wertewandel in der Gesellschaft. Die sich ändernden Ansichten zur Gleichberechtigung von Mann und Frau, das Mit- und Nebeneinander von Beruf und Familie, die Anforderungen der „Generation Y", die

---

[225] Vgl. Schwarz 2016, S. 225
[226] Vgl. Zellner 2016, S. 4 ff.: „Der Beruf des Bürgermeisters ist kein Traumjob mehr."
[227] Vgl. Huzel 2015
[228] Vgl. Wehling/Siewert 1984, S. 127 ff.
[229] Vgl. dazu auch Braun 2015, S. 90; Kern 2007, S. 69 ff.

nicht nur die Arbeit und die Karriere in den Vordergrund stellt, der Wunsch nach einer guten Work-Life-Balance und die Lebensentwürfe und Planungen betreffen nicht nur die nachwachsende Generationen auf dem allgemeinen Arbeitsmarkt[230], sondern auch die potentiellen Kandidaten für das Bürgermeisteramt.[231] Hinzu kommt, dass das Amt im Hinblick auf die Erwartungshaltung der Bevölkerung und die eingeschränkteren Gestaltungsmöglichkeiten[232] in den letzten Jahren schwieriger geworden und die Gefahr, nach der 1. Wahlperiode nicht wiedergewählt zu werden, unkalkulierbar gestiegen ist.[233]

Die Lust auf diese Last wieder zu steigern, d.h. wieder mehr und auch künftig ausreichend qualifizierte Bewerber zu bekommen, kann nicht mit einer Ausgestaltung der Höchstaltersgrenzen erreicht werden. Selbst wenn diese aufgehoben würden und dadurch Amtsinhaber länger im Amt verbleiben könnten und dadurch Stellen „blockierten", wäre dies nicht ursächlich für fehlende Bewerber. Wer Bürgermeister trotz aller Last werden will, tritt auch gegen einen älteren Amtsinhaber an. Die Konstellation „alter Amtsinhaber" gegen „jungen Herausforderer" wird es auch bei einer Aufhebung der Altersgrenzen geben. Das Alter des Gegenkandidaten zum Wahlkampfthema zu machen, ist eine zweischneidige Sache. Darauf hat Herr Berggötz (vgl. 4.2.3) bei seiner Befragung zu Recht hingewiesen. Dies kann nach hinten losgehen. Ob die Wähler ein hohes Alter des wiederkandidierenden Amtsinhabers als Mangel ansehen, hängt auch davon ab, wie dieser in der zurückliegenden Amtsperiode den Bedürfnissen der Bürger nach Identifikation und Projektion entsprochen hat. Wenn es hierbei keine Defizite gab und der Amtsinhaber glaubwürdig vermitteln kann, auch in der kommenden Amtszeit trotz seines Alters „fit" zu sein, wird der Wähler in der Regel

---

[230] Vgl. Beil 2016, S. 1
[231] Vgl. StN 29.9.2012: Jüngere Amtsinhaber legten – so der Rektor für öffentliche Verwaltung Kehl Paul Witt - sehr wohl Wert darauf, auch mal eine Stunde Freizeit zu haben.
[232] Vgl. Klein 2014, S. 51
[233] Es wird immer schwieriger den Bedürfnissen der Identifikation („Einer von uns") und Projektion („Einer für alle") zu entsprechen, da die Bürgerschaft sich immer mehr in Einzelinteressen aufspaltet, vgl. dazu Beil 2017, S. 11

nicht zur jüngeren Alternative greifen. Herrn Masino ist dies in seinem Ort wahlentscheidend gelungen.

Auch die Überlegung, durch die Aufhebung der Höchstaltersgrenzen dem Nachwuchsmangel durch eine längere Amtsdauer der Amtsinhaber entgegenwirken zu können, geht an der Realität vorbei. Denn auch ihre Lust, die Last des Amts weiterhin zu tragen, hat abgenommen. Auch sie sind immer weniger bereit, sich dem Stress, den neuen Herausforderungen und den geänderten Anforderungen an das Amt weiter auszusetzen[234]. Deshalb gibt es hier eher einen Trend zu nur zwei Amtszeiten[235], die auch versorgungsrechtlich einen Ausstieg vor der Altersgrenze ermöglichen.[236] Dieser Trend, sich nicht länger als nötig den Belastungen des Amts auszusetzen, wird auch bei der Fragebogenerhebung mit den Bürgermeistern deutlich. Zwar sind sie mehrheitlich dafür, die Wählbarkeitsgrenze aufzuheben, aber nur vier von dreizehn Amtsinhaber können sich vorstellen, selbst mit 65 Jahren oder älter nochmals zu kandidieren (vgl. 4.2.2).

Die „Stellschraube Höchstaltersgrenzen" kann damit nicht entscheidend zur Behebung der Probleme beitragen, die sich aus dem Mangel an geeigneten Kandidaten für das Bürgermeisteramt ergeben. Die Lösung liegt eher in der weiteren Erschließung eines bisher nicht ausgeschöpften Kandidatenpotentials.

An den Hochschulen für öffentliche Verwaltung des Landes Baden-Württemberg in Ludwigsburg und Kehl beträgt der Anteil der

---

[234] Vgl. StN 29.9.2017: „Jetzt bekomme ich – so die Oberbürgermeisterin von Reutlingen – auch nachts Mails, und die Antwort wird immer sofort erwartet."

[235] Vgl. Klein 2014, S. 134, 136, 229; Wehling 2016, S. 22 („sie wollen noch etwas vom Leben haben, nachdem sie viele Jahre weder Freizeit noch Privatheit genossen haben"); Kern 2007, S. 68; Bäuerle 1998, S. 71

[236] Der Gesetzgeber gesteht Bürgermeistern nach Ablauf von mindestens 12 Dienstjahren ein Ruhegehalt zu (vgl. § 37 Abs. 1 Nr. 2 LBG BW). Nach zwei vollständigen Amtsperioden müssen sie nicht wieder kandidieren (vgl. § 38 Abs. 3 Nr. 2 LBG BW), sondern können ohne Rücksicht auf ihr Amt in den Ruhestand treten. Die finanzielle Sicherheit des Ruhegehalts erleichtert es den Bürgermeistern, sich nach zwei Amtsperioden nach neuen beruflichen Herausforderungen umzusehen; vgl. Klein 2014, S. 135

weiblichen Studenten etwa 70 %[237]. Obwohl diese Hochschulen allgemein als „Bürgermeister-Schmieden" gelten, sind von 1101 Bürgermeisterstellen nur 5 % der hauptamtlichen Stellen und immerhin 10 % der Oberbürgermeisterstellen weiblich besetzt.[238] Wenn es gelingt, mehr Frauen für eine Kandidatur zu gewinnen, könnte dies ein künftiges „männliches Mangelproblem" ausgleichen. Die Chancen, sich beim Wähler auch gegenüber männlichen Bewerbern durchzusetzen, sind gut. Bei insgesamt 813 Wahlen im Zeitraum von 2010 bis 2015 traten bei 175 Wahlen Frauen an; bei 55 Wahlen wurde eine Frau zum Bürgermeister gewählt, d.h. bei fast jeder dritten Wahl, bei der eine Frau kandidierte.[239] Es bleibt abzuwarten, wie sich der Frauenanteil entwickeln wird. Dies wird auch davon abhängen, inwieweit das Amt des Bürgermeisters künftig so ausgestaltet werden kann, dass für männliche und weibliche Bewerber in Zukunft mehr die Lust auf das Amt als dessen Last bei der Entscheidung über eine Kandidatur maßgebend sein wird.

Im Ergebnis ist festzustellen, dass die Nachwuchsproblematik neben dem Regelungszweck der Sicherung der Leistungsfähigkeit im Alter keinen weiteren legitimen Zweck bei Ausgestaltung von Höchstaltersgrenzen darstellt. Da für den Verfasser auch kein weiterer in Betracht kommt, muss die eingangs gestellte Frage beantwortet werden, ob angesichts der Problematik der Höchstaltersgrenzen diese dennoch beibehalten oder ob diese aufgehoben und an ihre Stelle eine individuelle Prüfung der Leistungsfähigkeit eines Kandidaten auch im Alter treten sollte.

Das bedeutet, dass niemand mehr mittels Höchstaltersgrenzen ab einem bestimmten Lebensalter generell von einer Kandidatur ausgeschlossen wird, sondern bei jedem Bewerber um das Amt des Bürgermeisters bei einer Kandidatur individuell geprüft wird, ob er die Fähigkeit hat, die Amtszeit „durchzustehen". Wer soll dies aber wie prüfen? Der Amtsarzt oder der Gemeindewahlausschuss? Anhand

---

[237] Vgl. Witt/Krause 2016, S. 1

[238] Vgl. ebenda und StN 29.9.2017, wonach es derzeit 7 Oberbürgermeisterinnen und 76 Bürgermeisterinnen in den 1101 baden-württembergischen Gemeinden gibt.

[239] Vgl. Schwarz 2016, S. 216

eines öffentlichen Gesundheitszeugnisses? Oder durch Absolvierung eines Intelligenz- und Gedächtnistestes? Durch Vorlage eines Sportabzeichens? Es liegt auf der Hand, dass dies keine Lösung ist und eine solche Prüfung sich auf keine objektiven Kriterien stützen kann.

Bei Aufhebung der Höchstaltersgrenzen wird daher die individuelle Prüfung in die Hand der Wähler gelegt. Diese könnten sehr wohl selbst entscheiden, ob ein Kandidat in der Lage sei, das Amt für eine volle Amtszeit auszuüben. Dies ist die Begründung dafür, warum sich einige Bundesländer (vgl. obige Tabelle) für die Aufhebung der Höchstaltersgrenzen entschieden haben und mit der Befürworter einer Aufhebung für diese auch aus demokratischen Erwägungen heraus „werben".

Ist eine solche Entscheidung, „das-in-die-Hand-des-Wählers-legen", aber auch dadurch beeinflusst oder gar möglich geworden, weil all diese Länder über die Möglichkeit verfügen, einen Bürgermeister nach seiner Wahl wieder abwählen zu können? Auf einen solchen Zusammenhang weist eine Äußerung des damaligen baden-württembergischen Innenministers Gall bei der Diskussion über die Aufhebung der Höchstaltersgrenzen bei der Reform 2015 hin. Er führte aus: *„Wenn man also darüber nachdenkt, diese Grenze mit 73 Jahren nicht einzuziehen, dann würde dies bedingen, dass man auch noch mal über das Thema Abwahl nachdenkt."*[240]

Dies wirft die Frage auf, was die Abwahlmöglichkeit eines Bürgermeisters mit der Aufhebung von Höchstaltersgrenzen zu tun hat. Dies hängt mit dem zusammen, was Seeger einmal das „Recht des Wählers auf Irrtum"[241] genannt hat. Bei der Bürgermeisterwahl stellt sich für den Wähler zunächst die Frage: Ist ein Kandidat geeignet, für das Wohl der Gemeinde zu arbeiten? Dieser braucht ja keine Vorbildung. Jeder soll die Chance haben, Bürgermeister werden zu können. Allein die Bürger sollen entscheiden, welchen Kandidaten sie für fähig halten, zu ihrem Wohl zu arbeiten. Sie wählen den Bewerber in das Amt des Bürgermeisters, den sie für diese Aufgabe am

---

[240] Vgl. PlPr 15/133, a. a. O., S. 7981
[241] So Seeger 1995, S. 31

geeignetsten halten. Werden die Höchstaltersgrenzen aufgehoben, kommt für den Wähler allerdings eine weitere Frage hinzu, die vorher die gesetzliche Altersgrenze für ihn beantwortet hat: Ist der Kandidat, den er für fähig hält, auch hinsichtlich seines Lebensalters in der Lage, diese Fähigkeiten auch die ganze Amtszeit zum Wohle der Gemeinde einzusetzen oder macht er vorher „schlapp", fällt öfters mal wegen Krankheit aus, hat keine rechte Lust und Kraft mehr? Wurde vorher den Risiken altersbedingter Leistungsdefiziten präventiv durch Altersgrenzen begegnet, muss nun der Wähler dieses Risiko beurteilen. Ein Wähler kann sich aber irren. Es kann anders kommen, als er angenommen hat. Der Gewählte erweist sich menschlich/fachlich als unfähig oder doch altersbedingt den Anforderungen des Amt nicht voll gewachsen. Soll es dann beim „Gewählt ist gewählt bleiben"? und nach dem Motto „Für den Wähler gibt es keine Umtauschmöglichkeit" [242] eine „Fehlerkorrektur" erst nach Ablauf der Amtszeit möglich sein? Reichen die beamtenrechtlichen Mittel aus, entstandene Probleme zu lösen oder ist nicht die Möglichkeit der Abwahl das gebotene und auch demokratische Instrument („wer urdemokratisch wählt, muss auch urdemokratisch abwählen dürfen") für eine „Irrtumskorrektur" bzw. als „Problemlöser"?

Da alle Bundesländer (außer Baden-Württemberg und Bayern) bereits über das Instrument der Abwahl verfügen, müssen sie sich diese Fragen nicht stellen, wenn sie Höchstaltersgrenzen für ihre Bürgermeister aufheben. Das Instrument der Abwahl steht auch für die Behebung altersbedingter Leistungsdefizite bereit, die sich nicht anderweitig lösen lassen.

Länder wie Baden-Württemberg, die bisher über keine Abwahlmöglichkeit verfügen, müssen sich aber die Frage stellen, ob sie bei einer Aufhebung der Höchstaltersgrenzen auch eine solche Regelung einführen wollen oder gar müssen, um mit ihr den durch die Aufhebung der Altersgrenze möglichen altersbedingten Leistungsdefiziten begegnen zu können.

---

[242] So Seeger 1995, S. 38

Diese Frage kann nicht beantwortet werden, ohne vorher die Bedeutung und Funktion des Instruments der Abwahl im kommunale Gefüge und die besondere Rolle Baden-Württembergs im Hinblick auf dieses Instrument in den Blick zu nehmen. Das Institut der Abwahl des Bürgermeisters[243] ist - so Lenhof - keine neue „Erfindung". Bis in die 1980er Jahre, also lange vor flächendeckender Einführung der Direktwahl und der Abwahl durch die Bürger, sei es – außer in Baden-Württemberg und Bayern - in allen Kommunalverfassungen als Instrument des Gemeinderats gegenüber dem von ihm gewählten Bürgermeister verankert gewesen. Sein Charakter habe sich aber mit der Reform der Kommunalverfassungen in den 1990er Jahren (vgl. 1.3) zu einem Instrument direkter Demokratie entwickelt. Damals wurden in fast allen Bundesländern erstmals echte direkt-demokratische Mitwirkungsmöglichkeiten in Sach- und Personalfragen für die Bürger eingeführt. Dazu gehören Bürgerentscheid und Bürgerbegehren und die Direktwahl des Bürgermeisters und seine Abwahl durch Bürgervotum, wobei bei der flächendeckenden Einführung direkt-demokratischer Elemente auf kommunaler Ebene – so Lenhof - das Instrument der Abwahl durch die Bürger gänzlich ohne Bedenken und Diskussionen quasi als Komplement zur unmittelbaren Wahl implementiert worden sei.[244]

In Baden-Württemberg waren demgegenüber den Bürgern schon seit 1955 solche direkt-demokratischen Mitwirkungsmöglichkeiten eingeräumt worden. Lediglich die Abwahl des Bürgermeisters war nicht vorgesehen. Aus der Begründung zu § 128 GemO 1955 (vgl. 3.1) ergibt sich, dass das Verfahren über die vorzeitige Beendigung der Amtszeit des Bürgermeisters ohne jegliche Gemeindebeteiligung vonstattengehen sollte, weil sonst versucht werden könne, „unliebsame Bürgermeister auszuschalten" und schon das Betreiben einer vorzeitigen Beendigung der Amtszeit zu „Störungen des Friedens" in der Gemeinde führen könne. Es spricht einiges dafür, dass auch im Hinblick auf solche Probleme eine Abwahlmöglichkeit des Bürgermeisters nicht in Betracht gezogen wurde. Diese Überlegungen

---

[243] Vgl. dazu grundlegend Lenhof 2013; Böhme 2012 und 2008; Fuchs 2007
[244] Vgl. Lenhof 2013, S. 164

finden sich in der ablehnenden Haltung in der Diskussion über die Einführung einer Abwahlregelung bis heute wieder.

Nachdem in den anderen Bundesländern (außer Bayern) das Instrument der Abwahl als Element der direkt demokratischen Mitwirkung eingeführt worden war, gab es in der Folgezeit auch in Baden-Württemberg immer wieder Bemühungen, ein solches Abwahlverfahren hier in die Gemeindeordnung aufzunehmen. Diese erfolgten in der Regel als Reaktion auf Vorfälle mit Bürgermeistern. So nahm bspw. der damalige Grünen-Landtagsabgeordnete Hackl 1988 den Fall der Kenzinger Bürgermeisterin Edeltraud Bart[245] zum Anlass, die Landesregierung mit einer Kleinen Anfrage[246] zu fragen, inwieweit sie Überlegungen anstelle, angesichts verschiedener Vorfälle im Land, wie zum Beispiel in Kenzingen, in Baden-Württemberg ebenfalls die Möglichkeit der Bürgermeisterabwahl zu schaffen. Innenminister Schäuble teilte in seiner Antwort vom 10.11.1998[247] mit, dass eine Einführung in Baden-Württemberg abgelehnt werde, da eine Abwahlmöglichkeit die Rechtsstellung des Bürgermeisters schwächen würde und immer die Gefahr des Missbrauchs in sich trage. Zudem wäre zu erwarten, dass sich diese negativ auf die Bereitschaft auswirken würde, sich um dieses Amt zu bewerben. Am 15.1.1999 beantragte die Landtagsfraktion der Grünen[248], der Landtag solle die Landesregierung ersuchen, unverzüglich eine Novelle der Gemeindeordnung mit der Möglichkeit, der Abwahl von Bürgermeister vorzulegen. Am 22.1.1999 legte die SPD-Fraktion einen eigenen Gesetzesentwurf[249] vor, der vorsah, die Gemeindeordnung um einen neuen § 47a (vorzeitige Abwahl) zu ergänzen. Nach intensiven Diskussionen im Plenum und im Innenausschuss[250] lehnte der Landtag beide Initiativen am 29.4.1999 ab.

---

[245] Vgl. Focus 5.10.1998; Hamburger Abendblatt 21.4.1999
[246] Vgl. DrS 12/3348 vom 15.10.1998, S. 2
[247] Vgl. DrS 12/3348 vom 15.10.1998, S. 4 ff.
[248] Vgl. DrS 12/3653
[249] Vgl. DrS 12/3680
[250] Vgl. PlPr 12/61 vom 3.3.1999, S. 4855 – 4865; DrS 12/3937; PlPr 12/66 vom 29.4.1999, S. 5262 - 5270

Mitte 2012 war der Rickenbacher Bürgermeister Norbert Moosmann[251] Anlass für einen weiteren Vorstoß zur Einführung einer Regelung über die Abwahl. Der CDU-Landesparteitag[252] befürwortete, eine solche Möglichkeit zu schaffen. Auch der Verein „Mehr Demokratie" forderte unter seinem Vorsitzenden, dem früheren Grünen-Abgeordnete Hackl, bei der geplanten Reform der Kommunalverfassung ein Abwahlverfahren zu verankern.[253] Der Grüne-Fraktionsvize Andreas Schwarz versprach, die CDU-Vorschläge „ernsthaft zu prüfen"[254] und wies später[255] darauf hin, dass die Fraktion an keiner eigenen Gesetzesvorlage arbeite und man sich erst nach der Kommunalwahl mit der Sache beschäftigen wolle. Aus einer möglichen Abwahl war bei der CDU bis Ende 2012 lediglich eine vereinfachte Abberufung durch den Innenminister und VGH geworden.[256] Innenminister Gall ließ verlautbaren, dass der Koalitionsvertrag das Thema ausspare und es nie einen „ernsthaften Auftrag seitens der Regierungsfraktionen"[257] gegeben habe. Die Reform 2015 enthielt auch keine solche Regelung. Hinterher erklärten Grünen-Vertreter, dass eine Abwahlmöglichkeit nicht in die neue Gesetzgebung aufgenommen worden sei, habe am roten Koalitionspartner gelegen.[258]

Auch die vom Verfasser befragten politischen Akteure und Interessenverbände - die CDU blieb insoweit eine Antwort schuldig – plädierten weder im Hinblick auf die Höchstaltersgrenzen noch aus sonstigen Gründen für die Schaffung einer Abwahlmöglichkeit. Allein der Fraktionsvorsitzende der Grünen, Andreas Schwarz, verwies auf einen aus seiner Sicht durchaus bedenkenswerten Vorschlag des Tübinger Politikwissenschaftlers Hans-Georg Wehlings zur Abwählbarkeit von Bürgermeistern.[259]

---

[251] Vgl. BZ 20.4.2011
[252] Vgl. BZ 22.7.2012
[253] Vgl. Südkurier 26.9.2012
[254] Vgl. ebenda
[255] Vgl. BZ 29.10.2012
[256] Vgl. ebenda
[257] Vgl. Südkurier 26.9.2012
[258] Vgl. BZ 7.11.2015
[259] Vgl. Anlage 8

Auch der Verfasser lehnt die Einführung einer Abwahlregelung aus den von den Gegnern angeführten und im Rahmen dieser Arbeit nicht im Einzelnen darzustellenden Gründen ab. Auf die gestiegene Gefahr nach der ersten Amtszeit nicht wiedergewählt zu werden, wurde bereits hingewiesen. Welcher Diplom-Verwaltungswirt bzw. Bachelor of Public Management – der typische Bürgermeisternachwuchs in Baden-Württemberg – würde noch das Risiko eingehen, seinen sicheren Beamtenstatus aufzugeben – eine Rückkehrmöglichkeit in die Verwaltung gibt es nicht - wenn noch die Gefahr hinzutritt, sogar unter der Zeit abgewählt zu werden und im schlimmsten Fall nicht einmal acht Jahre zu amtieren?

Was folgt daraus in Baden-Württemberg für die Diskussion um die Höchstaltersgrenzen? Das Doppel „Aufhebung der Höchstaltersgrenzen und Abwahlmöglichkeit" wie in anderen Bundesländern kann es nach Auffassung des Verfassers in Baden-Württemberg nicht geben. Denn die Schaffung einer solchen Regelung ließe sich nicht auf die Funktion eines Gegenmittels für altersbedingte Leistungsdefizite eines Bürgermeisters beschränken. Sie birgt vielmehr nicht hinnehmbare Gefahren für das erfolgreiche baden-württembergische Kommunalmodell.

Damit wäre in Baden-Württemberg nur eine Aufhebung der Höchstaltersgrenzen ohne gleichzeitige Abwahlmöglichkeit in Betracht zu ziehen. Das wäre ein „Back-to-the-roots". Denn eine solche Konstellation hat es bereits in den Jahren von 1955 bis 1970 gegeben.

Der Gesetzgeber hat diese aber nicht beibehalten, sondern sich 1970 entschlossen, altersbedingten Leistungseinschränkungen „präventiv" durch die Einführung einer Höchstaltersgrenze für die Amtsausübung entgegenzutreten. Dies erscheint dem Verfasser im Hinblick auf die Doppelrolle des Bürgermeisters als Repräsentant der Gemeinde und „staatlichem Erfüllungsgehilfen" legitim. Nicht nur die Gemeinde hat ein Interesse an der effektiven Wahrnehmung des Amts, sondern auch der Staat im Hinblick auf die Aufgaben, die der Bürgermeister für ihn wahrzunehmen hat, wie z.B. die der unteren Verwaltungsbehörde. Insoweit könnte man sich vorstellen, dass er bestimmte fachliche

Anforderungen für einen Kandidaten normiert. Dies geschieht nicht, weil jeder die Chance haben soll, Bürgermeister zu werden. Die Vorschriften über qualifiziertes Personal (Fachbeamter, Beigeordneter), Aufsichts- und Weisungsbefugnisse und das auf den Bürgermeister anwendbare Beamtenrecht sollen im Bedarfsfall sein fachliches und persönliches Verhalten steuern und Leistungsbeeinträchtigungen beseitigen (z.b. zum Amtsarzt schicken bei wiederholten Krankheiten, notfalls Versetzung in den Ruhestand wegen Dienstunfähigkeit, disziplinarische Mittel ff., § 128 GemO als letztes Mittel). Im Hinblick auf Einzelfälle[260] ist immer wieder streitig, ob diese Mittel ausreichen, und es wird wiederholt die Forderung erhoben[261], deshalb eine Abwahlmöglichkeit für Bürgermeister zu schaffen.

Die Situation stellt sich bei der Schaffung von Höchstaltersgrenzen etwas anders dar. Auch hier liegt ein berechtigtes Interesse des Staates vor, dass ein Amtsinhaber seine ganze Amtszeit gemeindliche und „staatliche Arbeit" effektiv wahrnimmt und diese nicht unter altersbedingten Beeinträchtigungen leidet. Ohne eine Höchstaltersgrenze müsste auch hier auftretenden Problemen mit den zur Verfügung stehenden Mitteln begegnet werden. Diese erfordern aber Zeit und sind nicht immer ausreichend, wenn z.B. längere Krankheitszeiten nicht eine Versetzung in den Ruhestand rechtfertigen oder eine altersbedingte nachlassende Gestaltungslust nicht disziplinarisch geahndet werden kann. Insoweit ist es legitim, solche Situationen erst gar nicht entstehen zu lassen, sondern sie bereits präventiv durch eine Höchstaltersgrenze zu verhindern. Das Problem ist nur, eine Lebensaltersgrenze zu finden jenseits derer, die Annahme berechtigt ist, dass es nicht nur in Einzelfällen, sondern signifikant zu altersbedingten Leistungsbeeinträchtigungen kommen

---

[260] Vgl. Burladingen (Schwarzwälder Bote 28.1.2017); Hechingen (Schwarzwälder Bote 17.5.2017a) und Haigerloch (Schwarzwälder Bote 9.6.2017)

[261] Vgl. die von den Petenten zurückgezogene Online Petition an den Petitionsausschuss an den Landtag von Baden-Württemberg für die Einführung eines Gesetzes zur Abwahl von Bürgermeistern in Baden-Württemberg vom 30.1.2017 (Open Petition 2017) und die Kleine Anfrage der AfD-Landtagsfraktion vom 24.2.2017 (DrS 16/1700)

kann. Die Rechtsprechung sagt zwar, die Grenze sei mit den bisherigen Regelungen noch gewahrt. Es bestehen jedoch Zweifel, ob diese Einschätzung mit neueren Erkenntnissen der Altersforschung noch in Einklang steht. Denn diese sind nicht speziell zu den Anforderungen eines Bürgermeisters gewonnen worden.

Da nach den obigen Ausführungen Höchstaltersgrenzen nicht für andere legitime Zwecke aufrechterhalten werden können und auch die Einführung einer Abwahlregelung für Bürgermeister bei ihrer Aufhebung als effektiveres Mittel für eine nachträgliche Problembekämpfung ausscheidet, stellt sich für denjenigen, der nicht einfach der Rechtsprechung folgen will, die „Gretchenfrage", ob die Höchstaltersgrenzen aufgehoben oder beibehalten werden sollen, bis Erkenntnisse der Altersforschung im Hinblick auf Bürgermeister ausgewertet worden sind.

Ob die Altersgrenze in Baden-Württemberg von 73 Jahren dann rechtlich noch vertretbar ist oder bei Beibehaltung einer Altersgrenze diese angehoben werden muss, kann auch der Verfasser nicht beurteilen. Dies zu prüfen ist Sache des Gesetzgebers im Rahmen seiner Einschätzungsprärogative, die er zusammen mit der Wissenschaft wahrnehmen sollte, um die Diskussion über die Anforderungen an einen Bürgermeister auf eine „bessere" Erkenntnisbasis zu stellen.

Bis zum Abschluss der Prüfung können die Höchstaltersgrenzen entweder beibehalten oder aufgeboben und in der Zwischenzeit altersbedingt auftretenden Leistungsdefiziten mit den im geltenden Recht zur Verfügung stehenden Mitteln begegnet werden.

Der Verfasser plädiert dabei dafür, in Baden-Württemberg Höchstaltersgrenzen für Bürgermeister beizubehalten bis die Ergebnisse einer solchen Prüfung ihre rechtliche Unzulässigkeit ergeben, dabei aber – soweit keine eindeutigen wissenschaftlichen Erkenntnisse entgegen stehen – die Ruhestandsaltersgrenze von 73 Jahren auf 76 Jahre anzuheben. Dies würde bei der zu belassenden Wählbarkeitshöchstgrenze von 68 Jahren die vollständige Ableistung der achtjährigen Amtszeit ermöglichen und eine vorzeitige

Beendigung der Amtsübung eines gewählten Amtsinhabers durch eine staatliche Altersgrenze beseitigen.

5. Fazit und Ausblick

5.1 Fazit

Ziel der Arbeit war es – angeregt durch das Verhalten des damaligen Eppelheimer Bürgermeisters Dieter Mörlein – einen Beitrag zu den Höchstaltersgrenzen für Bürgermeister zu leisten. Dabei galt das Erkenntnisinteresse sowohl der kommunalen Wählbarkeitshöchstgrenze als auch der beamtenrechtlichen Ruhestandsaltersgrenze. Bei der Aufbereitung des Forschungsstands zu diesem Problemkreis wurde deutlich, dass die Erkenntnisse hierzu aus unterschiedlichen Bereichen stammen. Dazu zählt die Rechtswissenschaft mit ihren die Höchstaltersgrenzen normierenden Vorschriften und den sich daraus ergebenden rechtshistorischen, rechtssoziologischen und vergleichenden Bezügen. Dazu gehört die Politikwissenschaft, die die Rolle des Bürgermeisters als Politiker im kommunalen Geschehen und die Motive und Prämissen des Gesetzgebers im politischen Entscheidungsprozess über Höchstaltersgrenzen reflektiert. Schließlich gehören auch Erkenntnisse der Altersforschung und gesellschaftliche Entwicklungen zur Thematik. Dies führte zu der ersten forschungsleitende Frage nach dem Zusammenhang und den Beziehungen zwischen den Bereichen Recht, Gesellschaft und Politik bei der Ausgestaltung der Höchstaltersgrenzen. Dabei konnte aufgezeigt werden, dass die dem Bürgermeister zukommende Sonderrolle als Beamter auf Zeit und als direkt vom Volk gewählter Repräsentant die Ursache für die unterschiedliche Sichtweise (ein gewählter Politiker absolviert seine Amtszeit – ein Beamter tritt mit Erreichen einer Altersgrenze in den Ruhestand) auf die Zulässigkeit von Höchstaltersgrenzen darstellt. Eine Analyse der Wählbarkeitshöchstgrenze und der Ruhestandsaltersgrenze ergab, dass diese zwar unterschiedlichen Rechtsbereichen (Kommunal- und Beamtenrecht) angehören, aber dieselben Zwecke verfolgen. Sie wollen sicherstellen, dass Bürgermeister wie andere Beamte ab einem bestimmten Lebensalter nicht mehr als Bürgermeister tätig sind bzw. Personen ab einem bestimmten Lebensalter nicht mehr Bürgermeister werden können. Dem liegt die generalisierende und

111

unwiderlegbare Vermutung zugrunde, dass ein Beamter ab einem bestimmten Lebensalter nicht mehr die ausreichende Gewähr bietet, den Anforderungen seines Amts zu genügen. Dieses Konzept beruht auf einem bestimmten Altersbild, dass das Alter mit dem Abbau bestimmter Funktionen und Fähigkeiten einhergeht und daher die Leistungsfähigkeit im Alter kontinuierlich nachlässt (Defizitmodell des Alters). Die Rechtsprechung hat - wie in der Arbeit im Einzelnen belegt wird - diesen Ansatz auch für Bürgermeister gebilligt und an ihm noch festgehalten, als die in der Arbeit beschriebenen neueren gesellschaftlichen Entwicklungen wie demografischer Wandel, neue Erkenntnisse der Alterforschung, neue Altersbilder und neue europäische Regelungen gegen Altersdiskriminierung die rechtliche Zulässigkeit der Höchstaltersgrenzen in Frage stellten.

Diese rechtliche Zulässigkeit von Höchstaltersgrenzen ist aber für diejenigen, die über diese zu entscheiden haben, kein rechtliches Muss, sondern nur eine Option unter mehreren. Das hat zu einer Vielfalt unterschiedlicher Regelungen über das Höchstalter für Bürgermeister im Bundesgebiet geführt, die in der Arbeit rechtsvergleichend aufbereitet wurden. Diese Vielfalt war auch Anlass für die zweite forschungsleitende Frage, an was sich die politischen Entscheidungsträger bei ihrer Entscheidung über die Höchstaltersgrenzen orientiert haben. Dabei konnten in der politischen Auseinandersetzung auf Parlamentsebene immer wiederkehrende, an die unterschiedlichen Rollen des Bürgermeisters anknüpfende Argumentationslinien ausgemacht werden, die sich im Pro und Contra zu Höchstaltersgrenzen wiederfinden: „Altersgrenzen vertrügen sich nicht mit der Volkswahl; das Volk solle entscheiden, wie alt sein Bürgermeister sein dürfe; jede Altersgrenze sei willkürlich" versus „Bürgermeister seien nicht nur gewählte Repräsentanten, sondern auch Beamte, die effektiv und kontinuierlich ihre Arbeit während ihrer Amtszeit zu bewältigen hätten und dabei von den Beeinträchtigungen des Alters auch nicht verschont blieben." Anhand der Analyse der Entwicklung der Höchstaltersgrenzen in Baden-Württemberg wurden diese unterschiedlichen Sichtweisen nochmals detailliert aufgezeigt.

Der retrospektive Blick auf die historische Entwicklung wurde ergänzt durch die dritte forschungsleitende Frage, ob die Reform 2015 nun als Schlusspunkt dieser Entwicklung oder nur als Zwischenschritt für weitergehende Reformen anzusehen sei. Nach den Ergebnissen der durchgeführten Befragungen der politischen Entscheidungsträger sind dazu in den nächsten Jahren keine politischen Initiativen zu erwarten. Einen eindeutigen Bedarf für eine weitere Anhebung oder die Aufhebung der Höchstaltersgrenzen hat auch die Fragebogenaktion bei den Bürgermeistern nicht ergeben. Denn auch diejenigen, für die die Reform 2015 nicht weit genug geht, wollen mehrheitlich schon die Möglichkeiten dieser Reform für sich nicht nutzen.

5.2 Ausblick

Quo vadis Höchstaltersgrenzen? Quo vadis Baden-Württemberg? Wie alt darf ein Bürgermeister eigentlich sein? Inzwischen haben die meisten Bundesländer und auch Baden-Württemberg für sich eine Antwort gefunden. Wie lange wird diese in der Zukunft aber halten? Wird die Politik weiterhin versuchen, altersbedingte Leistungsdefizite in der Amtsführung durch eine generalisierende Altersgrenze erst gar nicht entstehen zu lassen oder will sie diese künftig erst lösen, wenn sie individuell auftreten und daher die Altersgrenzen aufheben? Eine Prognose ist schwierig. Auch weil sich die Diskussion über Höchstaltersgrenzen von Bürgermeistern nicht im luftleeren Raum vollzieht, sondern in gesellschaftliche Entwicklungen eingebettet ist, die sie beeinflussen. Dazu gehört der Wandel des Bürgermeisterbildes. Damit ist gemeint, dass die gesellschaftlichen Veränderungen auch das Amt des Bürgermeisters betreffen. Neue Herausforderungen wie Globalisierung, Wertewandel, technologische Entwicklungen, Wutbürger, Facebook und „Shitstorm" kommen auch in den Kommunen an und fordern ein neues Amtsverständnis vom Bürgermeister. Bürgermeister müssen „politischer werden" [262] ,

---

[262] Vgl. Huzel zit. in Angele 2016

„Vollblutmanager mit Herz"[263] und „Motivator und Moderator"[264] von politischen Gestaltungsprozessen in der Gemeinde sein.

Dies wirft aber die Frage auf, ob dies nicht mit Anforderungen an die physische und psychische Leistungsfähigkeit einhergeht, die nur bis zu einem gewissen Lebensalter erwartet werden können? Oder sind die dafür erforderlichen Eigenschaften und Fähigkeiten gerade im Alter ausgeprägt und vorhanden? (vgl. 4.2). Hier ist die Wissenschaft gefordert, Antworten zu finden. Und die Politik ist gefordert, was die Erwartungshaltung der Bevölkerung an ihre Bürgermeister betrifft. Eine Diskussion über die Anhebung oder Aufhebung von Höchstaltersgrenzen macht wenig praktischen Sinn, wenn niemand da ist, der diese Möglichkeiten nutzen will. Schon jetzt wollen ja viele Amtsinhaber nicht länger Bürgermeister sein als sie müssen (vgl. 4.2.4). Ein neues Bürgermeisterbild braucht daher das Land. Weg vom „Dauer-Einsatz-Bürgermeister", wie es der Rektor der Hochschule für öffentliche Verwaltung Witt gefordert hat.[265] Dies kann auch dazu beitragen, das Potential geeigneter Kandidaten zu sichern, dessen Struktur sich auch verändert hat. Es ist davon auszugehen, dass der Anteil der Frauen am Bürgermeisteramt langsam aber stetig zunehmen wird, da zahlenmäßig einfach mehr Frauen als Männer als potentielle Kandidaten an den „Bürgermeisterkaderschmieden" Kehl und Ludwigsburg vorhanden sind. Auch könnten sich – so Witt[266] - mittlerweile 40 % der Kehler Studentinnen eine Kandidatur vorstellen. Viele Frauen würden jedoch mit einer Kandidatur warten, bis ihre Kinder „aus dem Gröbsten heraus" sind. Das Antrittsalter der Frauen werde daher künftig tendenziell eher höher sein als das von Männern, die oft schon in jüngeren Jahren kandidierten. Dies wird den schon vorhandenen Trend, dass Bürgermeister bei Amtsantritt im Schnitt

---

[263] Vgl. Witt 2016, S. 220
[264] Vgl. Witt 2016, S. 217; Gisevius 1999, S. 150
[265] Vgl. Schwarzwälder Bote 17.5.2017b
[266] Vgl. StN 29.9.2014; vgl. dazu auch Witt/Krause 2016, S. 3

und beim Durchschnittsalter deutlich älter sind als in der Vergangenheit noch verstärken.[267]

Die politischen Entscheidungsträger in Baden-Württemberg haben übereinstimmend erklärt (vgl. 4.2.2), vor weiteren Aktivitäten in Sachen Höchstaltersgrenzen für Bürgermeister die Auswirkungen der Reform 2015 abwarten zu wollen. In den nächsten Jahren wird es daher vor allem darauf ankommen, die Auswirkungen der Reform der Höchstaltersgrenzen in den Blick zu nehmen und auszuwerten. Dies gilt auch für die Bundesländer, die die Höchstaltersgrenzen aufgehoben haben. Gibt es dort zukünftig vermehrt ältere Kandidaten? Gibt es mehr altersbedingte Probleme? Wie wurden diese gelöst? Für Baden-Württemberg stellen sich folgende Fragen: Wie viele Bürgermeister über 65 Jahre sind nochmals angetreten? Wie viele nicht? Gab es bis zum Erreichen der Altersgrenze von 73 Jahren altersbedingte Probleme? Welcher Anteil der bei Ablauf der Amtszeit 60- bis 64-jährigen Amtsinhaber hat sich nochmals für eine Kandidatur entschlossen? Wie entwickelt sich der Anteil der Bürgermeister, die von der Antragsaltersgrenze Gebrauch machen oder die wegen nachgewiesener Dienstunfähigkeit ohne und mit eigenen Antrag in den Ruhestand versetzt werden?

Bewegung in der Politik wird es voraussichtlich erst wieder geben, wenn bei Erreichen der neuen Altersgrenze von 73 Jahren sich viele Bürgermeister wie der Eppelheimer Bürgermeister Dieter Mörlein finden, die öffentlichkeitswirksam darüber klagen, dass sie ihre Amtszeit nicht beenden dürfen. Dann könnte es zu einer Anhebung der Ruhestandsaltersgrenze auf 76 Jahre kommen. Ob es bei einer solchen Anhebung bleiben oder aufgrund neuer Erkenntnisse der Altersforschung, der Evaluation der bisherigen Reformen oder aus politischen Gründen eine Aufhebung der Höchstaltersgrenzen und in diesem Zusammenhang auch der unteren Wählbarkeitsgrenze in Baden-Württemberg geben wird, lässt sich heute nicht voraussagen.

---

[267] Vgl. Huzel 2015, S. 47: Das Durchschnittsalter bei Amtsantritt ist von 1984 bis 2015 von 31,2 Jahre auf 36,8 Jahre gestiegen; es gibt erheblich weniger junge Bürgermeister im Land

Literaturverzeichnis

Angele, Stefan (2016): Nicht mehr nur mehr männlich und jung, http://www.wro.de/presse/pressespiegel/detailansicht/news/detail/News/nicht-mehr-nur-maennlich-und-jung.html, abgerufen am 10.11.2017

Arnim, Hans-Herbert von (1990): Möglichkeiten unmittelbarer Demokratie auf Gemeindeebene, in: DÖV 1990, S. 85 – 97

Arnim, Hans-Herbert von (1997): Auf dem Weg zur optimalen Gemeindeverfassung?, in: Lüder, Klaus (Hrsg.) Staat und Verwaltung. 50 Jahre Hochschule für Verwaltungswissenschaften Speyer, S. 297 – 328

Arnim, Hans-Herbert von (2008): Die politische Durchsetzung der Kommunalverfassungsreform der neunziger Jahre, in: DÖV 2002, S. 558 – 592

Bäcker, Gerhard/Kistler, Ernst (16.11.2016): Zur Leistungsfähigkeit älterer ArbeitnehmerInnen, http://www.bpb.de/politik/innenpolitik/rentenpolitik/223246/leistungsfaehigkeit-aelterer, abgerufen am 1.11.2017

Badische Neuste Nachrichten (7.3.2017): Berggötz oder Masino. Showdown bei der Bürgermeisterwahl in Waldbronn, https://bnn.de/nachrichten/showdown-bei-der-buergermeisterwahl-in-waldbronn, abgerufen am 15.8.2017

Badische Neuste Nachrichten (12.3.2017): Achtungserfolg für Berggötz. Franz Masino bleibt Bürgermeister in Waldbronn, https://bnn.de/nachrichten/masino-bleibt-buergermeister-in-waldbron, abgerufen am 15.8.2017

Badische Zeitung (20.4.2011): Keine Amtsenthebung im Fall Moosmann, http://www.badische-zeitung.de/rickenbach/keine-amtsenthebung-im-fall-moosmann--44391139.html, abgerufen am 15.11.2017

Badische Zeitung (22.7.2012): Landes-CDU befürwortet Lex Moosmann, http://www.badische-zeitung.de/rickenbach/landes-cdu-befuerwortet-lex-moosmann--61899957.html, abgerufen am 15.11.2017

Badische Zeitung (29.10.2012): Grüne lassen CDU hoffen, http://www.badische-zeitung.de/rickenbach/gruene-lassen-cdu-hoffen--65087423.html, abgerufen am 16.11.2017

Badische Zeitung (24.4.2015): Kretschmann will Altersgrenze für Bürgermeister kippen, http://www.badische-zeitung.de/suedwest-1/kretschmann-will-altersgrenze-fuer-buergermeister-kippen--103852180.html, abgerufen am 15.7.2017

Badische Zeitung (7.11.2015): Bürgerinteressen werden gestärkt, http://www.badische-zeitung.de/herbolzheim/buergerinteressen-werden-gestaerkt--113419470.html, abgerufen am 17.11.2017

Badische Zeitung (15.6.2016): Berufswunsch Bürgermeisterin. Kehler Hochschule für Verwaltung bildet immer mehr Frauen aus., http://www.badische-zeitung.de/offenburg/berufswunsch-buergermeisterin--123128705.html, abgerufen am 1.8.2017

Banner, Gerhard (1987): Zur Leistung von Gemeindeordnungen, in: Füsslin, Ernst/Gebhard, Kurt u. a. (Hrsg.): Kommunale Selbstverwaltung in der Gegenwart. Festschrift für Richard Seeger, S. 17 – 25

Banner, Gerhard (2016): Starke Rathäuser braucht das Land, in: Witt, Paul (Hrsg.) Karrierechance Bürgermeister. Leitfaden für die erfolgreiche Kandidatur und Amtsführung, 2. Auflage, S. 222 – 242

Bätge, Frank/ Drysch, Thomas u. a. (2017): Handbuch für Bürgermeister, 2. Auflage

Bäuerle, Siegfried (1998): Bürgermeister. Zur Charakteristik einer interessanten Berufsgruppe. Eine empirische Untersuchung, in: Roth, Norbert (Hrsg.): Position und Situation der Bürgermeister in Baden-Württemberg, S. 61 -101

Bausinger, Hermann (1981): Die politische Kultur Baden-Württembergs, in: Bausinger, Hermann/Eschenburg, Theodor u. a.:

Baden-Württemberg. Eine politische Landeskunde, 2. Auflage S. 13 – 40

Becker, Heinz (1960): Die Rechtsverhältnisse des hauptamtlichen Wahlbeamten der Gemeinden und Landkreise, Universität Marburg, Dissertation

Becker, Ulrich/Roth, Markus (Hrsg.) (2013): Recht der Älteren

Beil, Christoph (2016): Lebensphasenorientierte Personalpolitik in der öffentlichen Verwaltung, Hochschule für öffentliche Verwaltung Kehl, Hausarbeit

Beil, Christoph (2017): Warum wurden sie abgewählt? Gedanken zur Nichtwiederwahl in Plankstadt, Meckesheim und Neckargmünd im Rhein-Neckar-Kreis, Hochschule für öffentliche Verwaltung Kehl, Essay

Beithe, Michael (2015): Wissenschaftliches Arbeiten für Studierende

BMAS (2014): Zweiter Bericht der Bundesregierung gemäß § 154 Absatz 4 Sechstes Buch Sozialgesetzbuch zur Anhebung der Regelaltersgrenze auf 67 Jahre, http://www.bmas.de/SharedDocs/Downloads/DE/Thema-Rente/anhebung-rentenalter-67-zweiter-bericht.pdf?__blob=publicationFile, abgerufen am 2.11.2017

Böhme, Doris (2008): Die Abwahl von Bürgermeister. Institution und Praxis

Böhme, Doris (2012): Die direkte Abwahl von Bürgermeister, in: DÖV 2012, S. 55 - 63

Bogumil, Jörg/Heinelt, Huber (Hrsg.) (2005): Bürgermeister in Deutschland. Politikwissenschaftliche Studien zu direkt gewählten Bürgermeistern

Bogumil, Jörg/Holtkamp, Lars (2013): Kommunalpolitik und Kommunalverwaltung. Eine praxisorientierte Einführung

Bräunche, Ernst Otto (2008): Oberbürgermeister und Bürgermeister, in: Städtetag Baden-Württemberg: 200 Jahre kommunale

Selbstverwaltung – Erfolgsgeschichte und Zukunftsmodell. Festschrift zur Hauptversammlung des Städtetags Baden-Württemberg am 23.10.2008 in Baden-Baden, S. 68 - 77

Braun, Constantin (2015): Die künftigen Herausforderungen des Bürgermeisteramts. Eine Prognose baden-württembergischer Bürgermeister

Burkardt, Benedikt (2016): Höchstaltersgrenzen im Beamtenrecht

Der Spiegel (1968): Bürgermeister Schlapper. S.M., in: Der Spiegel 13/1968, S. 82 – 85, http://magazin.spiegel.de/EpubDelivery/spiegel/pdf/46093884, abgerufen am 10.10.2017

Die Welt (24.4.2015): Wie alt darf eigentlich ein Bürgermeister sein?, https://www.welt.de/regionales/baden-wuerttemberg/article140005437/Wie-alt-darf-eigentlich-ein-Buergermeister-sein.html, abgerufen am 28.7.2017

Dombert, Maximilian (2015): Zur Vereinbarkeit von Altersgrenzen mit Europa- und Verfassungsrecht, in: Juristische Ausbildung 2015, S. 938 – 950

Dreßler, Ulrich (2017): Erläuterungen zu § 39 HGO. Stand: 23. Ergänzungslieferung, S. 1 – 32, in: Schneider, Gerhard/Dreßler, Ulrich: Hessische Gemeindeordnung. Loseblatt-Kommentar. Stand: 25. Ergänzungslieferung März 2017

Egner, Björn (2007): Einstellungen deutscher Bürgermeister. Lokale Eliten zwischen Institutionen und Kontext

Elsuni, Sarah/Liebscher, Doris/Klose, Alexander (2013): Alter in bester Verfassung? Verankerung des Diskriminierungsmerkmals Lebensalter in der Verfassung von Berlin, https://www.berlin.de/sen/lads/_assets/ueber-uns/materialien/alter-in-bester-verfassung_bf.pdf, abgerufen am 15.10.2017

Focus (5.10.1998): Der hoffnungslose Kampf gegen eine Bürgermeisterin, http://www.focus.de/politik/deutschland/baden-wuerttemberg-dumm-faul-und-unfaehig_aid_172888.html, abgerufen am 16.11.2017

Focus (23.4.2015): Unreife Junge oder sture Alte - Altersgrenze für Bürgermeister nötig?, http://www.focus.de/regional/baden-wuerttemberg/kommunen-buergermeister-erinnert-kretschmann-an-vorstoss-zu-altersgrenze_id_4633437.html, abgerufen am 27.7.2017

Fuchs, Daniel (1997): Die Abwahl von Bürgermeistern. Ein bundesweiter Vergleich, KWI – Arbeitshilfe 14

Fuchs, Dieter/Roller, Edeltraud (2009): Politik, in: Fuchs, Dieter/Roller, Edeltraud (Hrsg.): Lexikon Politik. Hundert Grundbegriffe, S. 205 - 209

Gantzer, Peter Paul (27.5.2014): Europäischer Gerichtshof für Menschenrechte nimmt Klage Gantzers nicht an, https://gantzer.de/news/europaeischer-gerichtshof-fuer-menschenrechte-nimmt-klage-gantzers-nicht-an/, abgerufen am 1.9.2017

Gantzer, Peter Paul (2014a): Beschwerdeschrift an den Europäischen Gerichtshof für Menschenrechte

Gantzer, Peter Paul (2014b): Entscheidung des Europäischen Gerichtshof für Menschenrechte vom 3.4.2014

Gehne, David (2012): Bürgermeister. Führungskraft zwischen Bürgerschaft, Rat und Verwaltung

Gemeinde Waldbronn (12.3.2017): Wahlergebnis Bürgermeisterwahl, http://www.waldbronn.de/de/Rathaus/Wahlen/Wahlergebnis-B%C3%BCrgermeisterwahl-12.03.2017, abgerufen am 15.8.2017

Gisevius, Wolfgang (1999): Der neue Bürgermeister. Vermittler zwischen Bürger und Verwaltung

Göbel, Kurt (1956): Gemeindeordnung für Baden-Württemberg

Görg, Hubert (1958): Die kommunalen Wahlbeamten, in: ZBR 1958, S. 65 – 70

Grafstat (o. D.): Wikipedia, https://de.wikipedia.org/wiki/Grafstat, abgerufen am 2.9.2017

Hahn, Kurt (1963): Das Landesbeamtengesetz von Baden-Württemberg, in DÖV 1963, S. 489 – 493

Hamburger Abendblatt (21.4.1999): „Wisset Sie, die kann halt nichts", https://www.abendblatt.de/archiv/1999/article204627259/Wisset-Sie-die-kann-halt-nichts.html, abgerufen am 17.11.2017

Hartig, Christian (2014): Altersdiskriminierung im öffentlichen Dienst

Heinz, Frederik (2015): Die Verfassungstreue kommunaler Wahlbeamter

Helfferich, Cornelia (2014): Leitfaden- und Experteninterview, in Baur, Nina/Blasius, Jörg (Hrsg.): Handbuch Methoden der empirischen Sozialforschung, S. 559 – 574

Heppner, Kurt (1965): Zur Abschaffung der Ehrenamtlichkeit der Bürgermeister, in: Die Gemeinde Nr. 10/1965, S. 312 - 314

Holtkamp, Lars (2006): Reform der Kommunalverfassungen in den alten Bundesländern – eine Ursachenanalyse, in: Bogumil, Jörg/Heinelt, Huber (Hrsg.): Bürgermeister in Deutschland. Politikwissenschaftliche Studien zu direkt gewählten Bürgermeistern, S. 13 – 32

Holtmann, Everhard/Rademacher, Christian/Reiser, Marion (2017): Kommunalpolitik. Eine Einführung

Huzel, Vinzenz (2015): Bürgermeisterbefragung 2015 der Hochschule für öffentliche Verwaltung Kehl, Stand 2015

Igl, Gerhard (2009): Altersgrenzen und gesellschaftliche Teilhabe. Gutachten erstellt im Auftrag des BMFSFJ, http://www.antidiskriminierungsstelle.de/SharedDocs/Downloads/DE/Literatur_Altersjahr/Altersgrenzen-und-gesellschaftliche-Teilhabe.pdf?__blob=publicationFile&v=1, abgerufen am 25.9.2017

Igl, Gerhard (2013a): Altersgrenzen als altersspezifisches Regelungsinstrument, in: Becker, Ulrich/Roth, Markus (Hrsg.) (2013): Recht der Älteren, S. 165 – 191

Igl, Gerhard (2013b): Diskriminierung im höheren Lebensalter: Bietet das Recht ausreichenden Schutz?, in: Bäcker, Gerhard/Heinze, Rolf (Hrsg.): Soziale Gerontologie in gesellschaftlicher Verantwortung, S. 167 – 184

Kelle, Udo (2014): Mixed Methods, in: Baur, Nina/Blasius, Jörg (Hrsg.): Handbuch Methoden der empirischen Sozialforschung, S. 153 – 166

Kern, Timm (2016): Welchen Bürgermeister wünscht sich die Bevölkerung?, in: Witt, Paul (Hrsg.) Karrierechance Bürgermeister. Leitfaden für die erfolgreiche Kandidatur und Amtsführung, 2. Auflage, S. 149 – 167

Klaß, Franziska (2014): Die Fortentwicklung des deutschen Beamtenrechts durch das europäische Recht

Klein, Alexandra (2014): Bürgermeisterwahlen in Baden-Württemberg. Wahlbeteiligung, Wahltypen und Sozialprofil

Kleinfeld, Ralf (1996): Politikwissenschaft und Kommunalpolitik in Deutschland. Ein Forschungsüberblick, in: Kleinfeld, Ralf: Kommunalpolitik. Eine Problemorientierte Einführung, S. 17 – 71

Kleinfeld, Ralf/Nendza, Achim (1996): Die Reform der deutschen Kommunalverfassungen unter der besonderen Berücksichtigung der Entwicklung in Nordrhein-Westfalen und in den neuen Bundesländern, in: Kleinfeld, Ralf: Kommunalpolitik. Eine Problemorientierte Einführung, S. 73 – 156

Klie, Thomas (2013): Funktion, Arten und Bedeutung von Altersgrenzen im Recht, http://www.bagso.de/fileadmin/Aktuell/Tagungsdokumentationen/ 2011_6_17Der_6._Altenbericht/Klie_Langfassung_Altersgrenzen_im _Recht.pdf, abgerufen am 12.8.2017

Knemeyer, Franz-Ludwig (1998): Rechtsstellung und Bedeutung des Bürgermeisters in der dualen Ratsverfassung, in: Roth, Norbert

(Hrsg.): Position und Situation der Bürgermeister in Baden-Württemberg, S. 22 – 39

Koalitionsvertrag (2011): Der Wechsel Beginnt. Koalitionsvertrag zwischen Bündnis 90/ Die Grünen und der SPD Baden-Württemberg vom 9.5.2011, https://www.gruene-bw.de/wp-content/uploads/2015/10/Koalitionsvertrag-Der-Wechsel-beginnt.pdf, abgerufen am 15.8.2017

Kramer, Ralf (2004): Hauptberufliche Beamtenverhältnisse auf Zeit im Lichte des Rahmenrechts

Lange, Ulrike (1999): Der hauptberufliche Bürgermeister: Die Rechtsstellung des Bürgermeisters nach der Nordrhein-Westfälischen Bürgermeisters in der Fassung der Bekanntmachung von 14. Juli 1994

Lenhof, Annemarie (2013): Die Abwahl des Bürgermeisters. Ein Beispiel direkter Demokratie auf kommunaler Ebene

Lohmann, Eberhard (1978): Die Stellung der Wahlbeamten in der inneren Gemeindeverfassung, Universität Münster, Dissertation

Meyer, Rolf (1964): Die Wahl und Ernennung der gemeindlichen Wahlbeamten in der Bundesrepublik

Müller, Thomas (2011): Alter und Recht. Das menschliche Alter und seine Bedeutung für das Recht unter besonderer Berücksichtigung des europäischen und nationalen Antidiskriminierungsrechts

Mußgnug, Reinhard (2011): Ämtervergabe durch Wahl, in: Baumeister, Peter/Roth, Wolfgang/Ruthig, Josef: Staat, Verwaltung und Rechtsschutz. Festschrift für Wolf-Rüdiger Schenke zum 70. Geburtstag, S. 244 – 263

Naßmacher, Hiltrud/Naßmacher, Karl-Heinz (2007): Kommunalpolitik in Deutschland, 2. Auflage

Nickel, Heinz (1983): Der Badische Ratsschreiber. Ein Beitrag zur Badischen und Baden-Württembergischen Kommunalgeschichte

Nieden, Felix/Altis, Alexandros (2017): Lebenserwartung von Beamtinnen und Beamten. Befunde und Auswirkungen auf künftige Versorgungsausgaben, in: Wista 2/2017, S. 113 – 122, https://www.destatis.de/DE/Publikationen/WirtschaftStatistik/2017/02/LebenserwartungBeamte_022017.pdf?__blob=publicationFile, abgerufen am 17.10.2017

Open Petition (2017): Gesetz zur Abwahl von Bürgermeistern in Baden-Württemberg, https://www.openpetition.de/petition/online/gesetz-zur-abwahl-von-buergermeistern-in-baden-wuerttemberg, abgerufen am 16.11.2017

Pappermann, Ernst (1968): Kommunale Wahlbeamte, in: ZBR 1968, S. 297 – 307

Peters, Hans (1956): Handbuch der Kommunalwissenschaft und Praxis. Erster Band: Kommunalverfassung

Priebe, Christoph (1997): Die vorzeitige Beendigung des aktiven Beamtenstatus bei politischen Beamten und kommunalen Wahlbeamten

Regio News (13.03.2017): Masino macht's im ersten Wahlgang. Waldbronn bestätigt Bürgermeister, https://www.regio-news.de/ka/news-karlsruhe/regionale-nachrichten-karlsruhe/370675-masino-macht-s-im-ersten-wahlgang-waldbronn-bestaetigt-buergermeister.html, abgerufen am 15.8.2017

Reichertz, Jo (2014): Empirische Sozialforschung und soziologische Theorie, in: Baur, Nina/Blasius, Jörg (Hrsg.): Handbuch Methoden der empirischen Sozialforschung, S. 65 - 80

Reinecke, Jost (2014): Grundlagen der standardisierte Befragung, in: Baur, Nina/Blasius, Jörg (Hrsg.): Handbuch Methoden der empirischen Sozialforschung, S. 601 – 618

Seeger, Richard (1995): Erster unter Gleichen – Bürgermeister in heutiger Zeit

Seeger, Richard (1960): Der Bürgermeister, seine Stellung und seine Aufgaben, Die Fundstelle, Heft Nr. 210

SGK (2012): Erwartungen und Handlungsvorschläge des Landesvorstandes der SGK Baden-Württemberg e.V. an eine Reform von Kommunalwahlgesetz und Gemeindeordnung. Stand 14.7.2012, https://www.sgk-bw.de/dl/Stellungnahme_SGK_Stand_14072012.pdf, abgerufen am 20.9.2017

SGK (2014): Bericht von der SGK-Fachkonferenz am 20. September 2014 in Stuttgart, https://www.sgk-bw.de/meldungen/bericht-von-der-sgk-fachkonferenz-am-20-september-2014-in-stuttgart/, abgerufen am 20.9.2017

Schleer, Manfred (2014): Der kommunale Beigeordnete. Analyse eines kommunalpolitisch relevanten Akteurs in Mittel- und Großstädten, Universität Konstanz, Dissertation, https://d-nb.info/1054602522/34, abgerufen am 2.9.2017

Schoch, Judith (2015): Bildung im Alter: Konzeptionelle Ansätze und empirische Befunde aus gerontologischer Perspektive, in: Bundesministerium für Familie, Senioren, Frauen und Jugend (Hrsg.): Runder Tisch „Aktives Altern – Übergänge gestalten" Arbeitsgruppe „Bildung im und für das Alter", S. 27-40, http://www.iss-ffm.de/lebenswelten/zusammenhalt/m_570, abgerufen am 25.10.2017

Schrameyer, Marc (2004): Der kommunale Wahlbeamte. Die Rechtsstellung der kommunalen Wahlbeamten in Nordrhein-Westfalen nach der Reform der Kommunalverfassung 1994

Schrameyer, Marc (2006): Das Verhältnis von Bürgermeister und Gemeindevertretung. Aufgabe – Machtverhältnisse – Rechtsstellung

Schwarz, Thomas (2016): Bürgermeisterwahlen in Baden-Württemberg. Eine Analyse auf der Basis der Wahlen 2010 bis 2015, in: Statistik und Informationsmanagement, Heft 8/2016, S. 197 – 227

Schwarzwälder Bote (28.1.2017): Disziplinarverfahren gegen Harry Ebert, http://www.schwarzwaelder-bote.de/inhalt.zollernalbkreisdisziplinarverfahren-gegen-harry-ebert.92f63316-d641-46db-be95-0548e123a36e.html, abgerufen am 17.11.2017

Schwarzwälder Bote (17.5.2017a) Bachmann-Erkrankung: Zur Zeit „kein Handlungsbedarf", http://www.schwarzwaelder-bote.de/inhalt.hechingen-bachmann-erkrankung-zur-zeit-kein-handlungsbedarf.9c50de0d-d5e7-44bd-aa71-a05a45ad43e3.html, abgerufen am 17.11.2017

Schwarzwälder Bote (17.5.2017b): Was macht einen guten Bürgermeister aus?; http://www.schwarzwaelder-bote.de/inhalt.kreis-rottweil-was-macht-einen-guten-buergermeister-aus.a88eb827-ec4d-47ff-9091-159e261c07c1.html, abgerufen am 3.10.2017

Schwarzwälder Bote (9.6.2017): Verfahren gegen Heinrich Götz ist eingestellt, http://www.schwarzwaelder-bote.de/inhalt.haigerloch-verfahren-gegen-heinrich-goetz-ist-eingestellt.02ba4e3d-82e0-47fd-a806-ef18774a956e.html, abgerufen am 17.11.2017

Smith, Stephan (2016): Kommunale Wahlbeamte – Historische, verfassungsrechtliche und theoretische Grundlagen, in Smith, Stephan/Bender, Gregor (Hrsg.) (2016): Recht der kommunalen Wahlbeamten, Bürgermeister, Landräte, Beigeordnete und Kreisdirektoren in Nordrhein-Westfalen, S. 1 – 24

Smith, Stephan/Bender, Gregor (Hrsg.) (2016): Recht der kommunalen Wahlbeamten, Bürgermeister, Landräte, Beigeordnete und Kreisdirektoren in Nordrhein-Westfalen

Städtetag Baden-Württemberg (2008): Städtetag Baden-Württemberg: 200 Jahre kommunale Selbstverwaltung – Erfolgsgeschichte und Zukunftsmodell. Festschrift zur Hauptversammlung des Städtetags Baden-Württemberg am 23.10.2008 in Baden-Baden

Statistisches Bundesamt (2016): Sterbetafeln 2013/2015. Ergebnisse aus der laufenden Berechnung von Periodensterbetafeln für Deutschland und die Bundesländer, https://www.destatis.de/DE/Publikationen/Thematisch/Bevoelkerun

g/Bevoelkerungsbewegung/PeriodensterbetafelnBundeslaender512
6204157004.pdf?__blob=publicationFile, abgerufen am 24.10.2017

Stober, Rolf (1982): Kommunale Ämterverfassung und Staatsverfassung am Beispiel der Abwahl kommunaler Wahlbeamten

Stober, Rolf (1996): Kommunalrecht in der Bundesrepublik Deutschland, 3. Auflage

Stuttgarter Nachrichten (17.9.2014): Schluss mit 68? Altersgrenze für Bürgermeister soll fallen, http://www.stuttgarter-nachrichten.de/inhalt.schluss-mit-68-altersgrenze-fuer-buergermeister-soll-fallen.ef125286-ab5c-44d3-916a-fa53ef20383f.html, abgerufen am 3.8.2017

Stuttgarter Nachrichten (18.9.2014): Wegfall Altersgrenze. Stuttgarter SPD-Chef: Grüne zimmern „Lex Kuhn", http://www.stuttgarter-nachrichten.de/inhalt.wegfall-altergrenze-stuttgarter-spd-chef-gruene-zimmern-lex-kuhn.2cab9d8f-a95e-4091-892b-9a8c3d2c9c1d.html, abgerufen am 10.8.2017

Stuttgarter Nachrichten (15.2.2017): Bürgermeisterwahl in Korb: Diese drei Korber wollen Schultes werden, http://www.stuttgarter-nachrichten.de/inhalt.buergermeisterwahl-in-korb-diese-drei-korber-wollen-schultes-werden.58f2b177-05a4-4c93-adb4-77eb31cb0a7d.html, abgerufen am 17.8.2017

Stuttgarter Nachrichten (27.9.2017) Frauen in Führungsjobs: Warten auf die Bürgermeisterinnen, http://www.stuttgarter-nachrichten.de/inhalt.frauen-in-fuehrungsjobs-warten-auf-die-buergermeisterinnen.411c6e16-4a47-4bc3-972b-30cc453075d6.html, abgerufen am 1.10.2017

Stuttgarter Zeitung (23.4.2015): Aufhebung der Altersgrenze für Bürgermeister. Mit 68 Jahren zu fit für den Ruhestand, http://www.stuttgarter-zeitung.de/inhalt.aufhebung-der-altersgrenze-fuer-buergermeister-mit-68-jahren-zu-fit-fuer-den-ruhestand.2e04748e-da8f-490b-b53c-957786b96341.html, abgerufen am 1.8.2017

Stuttgarter Zeitung (3.7.2015): Bürgermeister dürfen länger im Amt bleiben, http://www.stuttgarter-zeitung.de/inhalt.spaeter-in-den-ruhestand-buergermeister-duerfen-laenger-im-amt-bleiben.676bd672-23dc-44d9-9954-41791ae1875d.html, abgerufen am 2.8.2017

Südkurier (26.9.2012): Bürgermeister mit starker Stellung, https://www.suedkurier.de/archiv/nachrichten/politik/art1359993,5770906, abgerufen am 17.11.2017

Südkurier (31.3.2015): Innenminister Reinhold Gall im Kreuzverhör beim Südkurier, https://www.suedkurier.de/region/hochrhein/bad-saeckingen/Innenminister-Reinhold-Gall-im-Kreuzverhoer-beim-SUEDKURIER;art372588,7744767, abgerufen am 1.9.2017

Südwestpresse (16.9.2014): Baden-Württemberg sägt an Altersgrenze für Bürgermeister, http://www.swp.de/ulm/nachrichten/politik/baden-wuerttemberg-saegt-an-altersgrenze-fuer-buergermeister-10540138.html, abgerufen am 30.7.2017

Tagblatt (23.4.2015): Noch keine Einigung auf Wegfall der Altersgrenze für Bürgermeister, http://www.tagblatt.de/Nachrichten/Noch-keine-Einigung-auf-Wegfall-der-Altersgrenze-fuer-Buergermeister-33038.html, abgerufen am 5.9.2017

Wagner, Pia/Hering, Linda (2014): Online-Befragung, in: Baur, Nina/Blasius, Jörg (Hrsg.): Handbuch Methoden der empirischen Sozialforschung, S. 661 – 674

Wehling, Hans-Georg (1991a): Zur Geschichte der kommunalen Selbstverwaltung im deutschen Südwesten, in: Pfizer, Theodor/Wehling, Hans-Georg (Hrsg.): Kommunalpolitik in Baden-Württemberg, 2. Auflage, S. 31 - 46

Wehling, Hans-Georg (1991b): Der Bürgermeister. Rechtsstellung, Sozialprofil, Funktionen, in: Pfizer, Theodor/Wehling, Hans-Georg (Hrsg.): Kommunalpolitik in Baden-Württemberg, 2. Auflage, S. 162 - 176

Wehling, Hans-Georg (1991c): Ein Bindestrich-Land? Verbindendes und Unverbundenes in der politischen Kultur Baden-Württemberg. In: Wehling, Hans-Georg/Langewiesche, Dieter u.a.: Baden-Württemberg. Eine politische Landeskunde Teil II, S. 13 – 26

Wehling, Hans-Georg (1995): Oskar Kalbfell. Ein biografischer Versuch, in: Stadtarchiv Reutlingen/Reutlinger Geschichtsverein e.V. (Hrsg.), Reutlinger Geschichtsblätter 34/1995, S. 419 - 486

Wehling, Hans-Georg (26.1.2007a): Kommunen früher und heute, http://www.bpb.de/izpb/10415/kommunen-frueher-und-heute?p=all, abgerufen am 4.9.2017

Wehling, Hans-Georg (26.1.2007b), Unterschiedliche Verfassungsmodelle, http://www.bpb.de/izpb/10432/unterschiedliche-verfassungsmodelle?p=all, abgerufen am 4.9.2017

Wehling, Hans-Georg (2010a): Kommunalpolitik in Baden-Württemberg, in: Kost, Andreas/Wehling, Hans-Georg (Hrsg.) Kommunalpolitik in den deutschen Ländern, 2. Auflage, S. 19 – 39

Wehling, Hans-Georg (2010b): Rat und Bürgermeister in der deutschen Kommunalpolitik. Ein Rückblick auf die Reformprozesse, in: Kost, Andreas/Wehling, Hans-Georg (Hrsg.) Kommunalpolitik in den deutschen Ländern, 2. Auflage, S. 351 – 366

Wehling, Hans-Georg (2012): Bürgermeister, in: Wehling, Hans-Georg/Remmert, Barbara (Hrsg.): Die Zukunft der kommunalen Selbstverwaltung, S.61 – 77

Wehling, Hans-Georg (2016): Wer wird Bürgermeister?, in: Witt, Paul (Hrsg.) Karrierechance Bürgermeister. Leitfaden für die erfolgreiche Kandidatur und Amtsführung, 2. Auflage, S. 15 – 27

Wehling, Hans-Georg/Kost, Andreas (2010): Kommunalpolitik in der BRD – eine Einführung, in: Kost, Andreas/Wehling, Hans-Georg (Hrsg.) Kommunalpolitik in den deutschen Ländern, 2. Auflage, S. 7 – 18

Wehling, Hans-Georg/ Nedele, Manfred (1997): Oskar Kalbfell. Ein Oberbürgermeister und seine Stadt

Wehling, Hans-Georg/Siewert, Jörg (1984): Der Bürgermeister in Baden-Württemberg. Eine Monografie

Welt N24 (17.2.2017): Bürgermeister-Höchstgrenze soll gekippt werden, https://www.welt.de/regionales/mecklenburg-vorpommern/article162165503/Buergermeister-Hoechstalter-soll-gekippt-werden.html, abgerufen am 7.8.2017

Witt, Paul (2009); Unterschiedliche Kommunalverfassungen bringen unterschiedliche „Bürgermeister-Typen" zustanden, in: Bänders, Thomas (Hrsg.): Kompetenz und Verantwortung in der Bundesverwaltung. 30 Jahre Fachhochschule des Bundes, S. 345 – 356

Witt, Paul (2016): Wohin entwickelt sich der Beruf der Bürgermeisterin/ des Bürgermeisters in der Zukunft?, in: Witt, Paul (Hrsg.) Karrierechance Bürgermeister. Leitfaden für die erfolgreiche Kandidatur und Amtsführung, 2. Auflage, S. 207 – 221

Witt, Paul/Krause, Christina (2016): Frauen als Ober-/Bürgermeisterinnen immer noch eine Rarität? Hintergründe – Gründe – Analysen – Lösungsmöglichkeiten. Hochschule für öffentliche Kehl. Fachprojektarbeit, http://www.hs-kehl.de/fileadmin/hsk/Forschung/Dokumente/PDF/Frauen_als_Buergermeisterin_Gesamtergebnis_mit_Anlagen.pdf, abgerufen am 3.10.2017

Zellner, Hans (2016): Rede auf der Mitgliederversammlung des Verbandes Baden-Württembergischer Bürgermeister e.V. am 7.11.2016, http://www.bm-verband-bw.de/cms/index.php?topic=aktuelles&nr=64&gruppe=%&uid=&sid=-1&spc=de&mycss=screen, abgerufen am 10.10.2017

Anlagenverzeichnis

Anlagen

Anlage 1: Anschreiben Innenministerium Baden-Württemberg

Christoph Beil - Hockenheimer Straße 73 - 68804 Altlußheim - chrisbeil@web.de

Innenministerium Baden-Württemberg

Willy-Brandt-Straße 41

70173 Stuttgart

Altlußheim, 23.08.2017

Masterarbeit „Rechtliche, politische und gesellschaftliche Implikationen einer Altersgrenze für Bürgermeister am Beispiel Baden-Württemberg

Sehr geehrter Herr Innenminister Strobel, sehr geehrte Damen und Herren

mein Name ist Christoph Beil. Ich schreibe im Rahmen des Masterstudiums Public Management an der Hochschule für öffentliche Verwaltung Kehl meine Masterarbeit zu dem Thema „Rechtliche, politische und gesellschaftliche Implikationen einer Altersgrenze für Bürgermeister am Beispiel Baden-Württemberg".

Die Arbeit wird vom Rektor der Hochschule für öffentliche Verwaltung Kehl Prof. Paul Witt unterstützt und betreut. Ein entsprechendes Empfehlungsschreiben habe ich Ihnen beigefügt. Als Zweitbetreuer und Vertreter der kommunalen Praxis fungiert der Brühler Bürgermeister Dr. Ralf Göck.

1.) 2015 wurde die Reform des Wählbarkeits- und Ruhestandsalters von Bürgermeistern wurde 2015 durch den Landtag beschlossen. Hat sich nach Ihrer Einschätzung die Reform bewährt?

2.) Sehen Sie Handlungsbedarf für erneute Reformen wie beispielsweise eine erneute Anpassung des Wählbarkeitshöchstgrenze oder des Pensionsalters oder die komplette Abschaffung sämtlicher Altersgrenzen wie in einigen anderen Bundesländern?

3.) Falls Sie Handlungsbedarf sehen: Werden Sie diese Legislaturperiode eine entsprechende Initiative starten?

4.) Halten Sie angesichts der Heraufsetzung der Wählbarkeitsgrenze und des Ruhestandsalters für Bürgermeister oder aus sonstigen Gründen eine Abwahlmöglichkeit von Bürgermeister auch in Baden-Württemberg für sinnvoll oder geboten?

Vorab Danke für Ihre Mithilfe.

Mit freundlichen Grüßen

Christoph Beil

PS: Eine gleichlautende Mail habe ich vorab am 23.08.2017 an Sie versendet.

Anlage 2: Anschreiben Landtagsfraktion Bündnis 90/ Die Grünen

Christoph Beil - Hockenheimer Straße 73 - 68804 Altlußheim - chrisbeil@web.de

Bündnis 90/Die Grünen im Landtag von Baden-Württemberg
z.H. Herrn Fraktionsvorsitzender Andreas Schwarz
Konrad-Adenauer-Straße 12
70173 Stuttgart

Altlußheim, 23.08.2017

Masterarbeit „Rechtliche, politische und gesellschaftliche Implikationen einer Altersgrenze für Bürgermeister am Beispiel Baden-Württemberg

Sehr geehrter Herr Schwarz, sehr geehrte Damen und Herren,

mein Name ist Christoph Beil. Ich schreibe im Rahmen des Masterstudiums Public Management an der Hochschule für öffentliche Verwaltung Kehl meine Masterarbeit zu dem Thema „Rechtliche, politische und gesellschaftliche Implikationen einer Altersgrenze für Bürgermeister am Beispiel Baden-Württemberg".

Die Arbeit wird vom Rektor der Hochschule für öffentliche Verwaltung Kehl Prof. Paul Witt unterstützt und betreut. Ein entsprechendes Empfehlungsschreiben habe ich Ihnen beigefügt. Als Zweitbetreuer und Vertreter der kommunalen Praxis fungiert der Brühler Bürgermeister Dr. Ralf Göck.

Für meine Masterarbeit möchte ich Sie um Beantwortung folgender Fragen bitten:

1.) Die Reform des Wählbarkeits- und Ruhestandsalters von Bürgermeistern wurde 2015 durch die grün-rote Parlamentsmehrheit beschlossen. Hat sich nach Ihrer Einschätzung die Reform bewährt?

2.) Hätten Sie, wenn Sie im Landtag ohne Koalitionspartner eine Mehrheit gehabt hätten die Reform auch genauso beschlossen oder mussten Sie in manchen Punkten auf den Koalitionspartner Rücksicht nehmen und Kompromisse eingehen? Wenn ja, welche Punkte waren dies und warum?

3.) Sehen Sie Handlungsbedarf für erneute Reformen wie beispielsweise eine erneute Anpassung des Wählbarkeitshöchstgrenze oder des Pensionsalters oder die komplette Abschaffung sämtlicher Altersgrenzen wie in einigen anderen Bundesländern?

Christoph Beil - Hockenheimer Straße 73 - 68804 Altlußheim - chrisbeil@web.de

4.) Falls Sie Handlungsbedarf sehen: Werden Sie diese Legislaturperiode eine entsprechende Initiative starten?

5.) Halten Sie angesichts der Heraufsetzung der Wählbarkeitsgrenze und des Ruhestandsalters für Bürgermeister oder aus sonstigen Gründen eine Abwahlmöglichkeit von Bürgermeister auch in Baden-Württemberg für sinnvoll oder geboten?

Vorab Danke für Ihre Mithilfe.

Mit freundlichen Grüßen

Christoph Beil

PS: Eine gleichlautende Mail habe ich vorab am 23.08.2017 an Sie versendet.

CXXXVII

Anlage 3: Anschreiben CDU-Landtagsfraktion

Christoph Beil - Hockenheimer Straße 73 - 68804 Altlußheim - chrisbeil@web.de

CDU-Fraktion im Landtag von Baden-Württemberg

z.H. Herrn Fraktionsvorsitzender Prof. Dr. Wolfgang Reinhart

Konrad-Adenauer-Straße 12

70173 Stuttgart

Altlußheim, 23.08.2017

Masterarbeit „Rechtliche, politische und gesellschaftliche Implikationen einer Altersgrenze für Bürgermeister am Beispiel Baden-Württemberg

Sehr geehrter Herr Prof. Dr. Reinhart, sehr geehrte Damen und Herren,

mein Name ist Christoph Beil. Ich schreibe im Rahmen des Masterstudiums Public Management an der Hochschule für öffentliche Verwaltung Kehl meine Masterarbeit zu dem Thema „Rechtliche, politische und gesellschaftliche Implikationen einer Altersgrenze für Bürgermeister am Beispiel Baden-Württemberg".

Die Arbeit wird vom Rektor der Hochschule für öffentliche Verwaltung Kehl Prof. Paul Witt unterstützt und betreut. Ein entsprechendes Empfehlungsschreiben habe ich Ihnen beigefügt. Als Zweitbetreuer und Vertreter der kommunalen Praxis fungiert der Brühler Bürgermeister Dr. Ralf Göck.

Für meine Masterarbeit möchte ich Sie um Beantwortung folgender Fragen bitten:

1.) Die Reform des Wählbarkeits- und Ruhestandsalters von Bürgermeistern wurde 2015 durch die grün-rote Parlamentsmehrheit beschlossen. Die CDU Landtagsfraktion hat einen Änderungsantrag eingebracht, der von der grün-roten Parlamentsmehrheit abgelehnt wurde. Hat sich nach Ihrer Einschätzung die Reform bewährt?

2.) Sehen Sie Handlungsbedarf für erneute Reformen wie beispielsweise eine erneute Anpassung des Wählbarkeitshöchstgrenze oder des Pensionsalters oder die komplette Abschaffung sämtlicher Altersgrenzen wie in einigen anderen Bundesländern?

3.) Falls Sie Handlungsbedarf sehen: Werden Sie diese Legislaturperiode eine entsprechende Initiative starten?

4.) Halten Sie angesichts der Heraufsetzung der Wählbarkeitsgrenze und des
Ruhestandsalters für Bürgermeister oder aus sonstigen Gründen eine
Abwahlmöglichkeit von Bürgermeister auch in Baden-Württemberg für sinnvoll oder
geboten?

Vorab Danke für Ihre Mithilfe.

Mit freundlichen Grüßen

Christoph Beil

PS: Eine gleichlautende Mail habe ich vorab am 23.08.2017 an Sie versendet.

Anlage 4: Anschreiben AfD-Landtagsfraktion

Christoph Beil - Hockenheimer Straße 73 - 68804 Altlußheim - chrisbeil@web.de

Alternative für Deutschland
AfD-Fraktion im Landtag Baden-Württemberg
z.H. Herrn Fraktionsvorsitzender Dr. Jörg Meuthen
Konrad-Adenauer-Straße 3
70173 Stuttgart

Altlußheim, 23.08.2017

Masterarbeit „Rechtliche, politische und gesellschaftliche Implikationen einer
Altersgrenze für Bürgermeister am Beispiel Baden-Württemberg

Sehr geehrter Herr Dr. Meuthen, sehr geehrte Damen und Herren,

mein Name ist Christoph Beil. Ich schreibe im Rahmen des Masterstudiums Public
Management an der Hochschule für öffentliche Verwaltung Kehl meine Masterarbeit zu dem
Thema „Rechtliche, politische und gesellschaftliche Implikationen einer Altersgrenze für
Bürgermeister am Beispiel Baden-Württemberg".

Die Arbeit wird vom Rektor der Hochschule für öffentliche Verwaltung Kehl Prof. Paul Witt
unterstützt und betreut. Ein entsprechendes Empfehlungsschreiben habe ich Ihnen beigefügt.
Als Zweitbetreuer und Vertreter der kommunalen Praxis fungiert der Brühler Bürgermeister
Dr. Ralf Göck.

Für meine Masterarbeit möchte ich Sie um Beantwortung folgender Fragen bitten:

1.) Die Reform des Wählbarkeits- und Ruhestandsalters von Bürgermeistern wurde 2015
durch die grün-rote Parlamentsmehrheit beschlossen. Die AFD war damals noch nicht
im Landtag vertreten. Wie beurteilen Sie die Reform und hat sich nach Ihrer
Einschätzung die Reform bewährt?

2.) Sehen Sie Handlungsbedarf für erneute Reformen wie beispielsweise eine erneute
Anpassung des Wählbarkeitshöchstgrenze oder des Pensionsalters oder die komplette
Abschaffung sämtlicher Altersgrenzen wie in einigen anderen Bundesländern?

3.) Falls Sie Handlungsbedarf sehen: Werden Sie diese Legislaturperiode eine
entsprechende Initiative starten?

CXL

4.) Halten Sie angesichts der Heraufsetzung der Wählbarkeitsgrenze und des Ruhestandsalters für Bürgermeister oder aus sonstigen Gründen eine Abwahlmöglichkeit von Bürgermeister auch in Baden-Württemberg für sinnvoll oder geboten?

Vorab Danke für Ihre Mithilfe.

Mit freundlichen Grüßen

Christoph Beil

PS: Eine gleichlautende Mail habe ich vorab am 23.08.2017 an Sie versendet.

Anlage 5: Anschreiben SPD-Landtagsfraktion

Christoph Beil - Hockenheimer Straße 73 - 68804 Altlußheim - chrisbeil@web.de

SPD-Fraktion im Landtag von Baden-Württemberg
z.H. Herrn Fraktionsvorsitzender Andreas Stoch
Konrad-Adenauer-Straße 12
70173 Stuttgart

Altlußheim, 23.08.2017

Masterarbeit „Rechtliche, politische und gesellschaftliche Implikationen einer Altersgrenze für Bürgermeister am Beispiel Baden-Württemberg

Sehr geehrter Herr Stoch, sehr geehrte Damen und Herren,

mein Name ist Christoph Beil. Ich schreibe im Rahmen des Masterstudiums Public Management an der Hochschule für öffentliche Verwaltung Kehl meine Masterarbeit zu dem Thema „Rechtliche, politische und gesellschaftliche Implikationen einer Altersgrenze für Bürgermeister am Beispiel Baden-Württemberg".

Die Arbeit wird vom Rektor der Hochschule für öffentliche Verwaltung Kehl Prof. Paul Witt unterstützt und betreut. Ein entsprechendes Empfehlungsschreiben habe ich Ihnen beigefügt. Als Zweitbetreuer und Vertreter der kommunalen Praxis fungiert der Brühler Bürgermeister Dr. Ralf Göck.

Für meine Masterarbeit möchte ich Sie um Beantwortung folgender Fragen bitten:

1) Die Reform des Wählbarkeits- und Ruhestandsalters von Bürgermeistern wurde 2015 durch die grün-rote Parlamentsmehrheit beschlossen. Hat sich nach Ihrer Einschätzung die Reform bewährt?

2) Hätten Sie, wenn Sie im Landtag ohne Koalitionspartner eine Mehrheit gehabt hätten die Reform auch genauso beschlossen oder mussten Sie in manchen Punkten auf den Koalitionspartner Rücksicht nehmen und Kompromisse eingehen? Wenn ja, welche Punkte waren dies und warum?

3) Sehen Sie Handlungsbedarf für erneute Reformen wie beispielsweise eine erneute Anpassung des Wählbarkeitshöchstgrenze oder des Pensionsalters oder die komplette Abschaffung sämtlicher Altersgrenzen wie in einigen anderen Bundesländern?

4) Falls Sie Handlungsbedarf sehen: Werden Sie diese Legislaturperiode eine entsprechende Initiative starten?

5) Halten Sie angesichts der Heraufsetzung der Wählbarkeitsgrenze und des Ruhestandsalters für Bürgermeister oder aus sonstigen Gründen eine Abwahlmöglichkeit von Bürgermeister auch in Baden-Württemberg für sinnvoll oder geboten?

Vorab Danke für Ihre Mithilfe.

Mit freundlichen Grüßen

Christoph Beil

PS: Eine gleichlautende Mail habe ich vorab am 23.08.2017 an Sie versendet.

CXLIII

Anlage 6: Anschreiben FDP/DVP-Landtagsfraktion

Christoph Beil - Hockenheimer Straße 73 - 68804 Altlußheim - chrisbeil@web.de

FDP/DVP Fraktion im Landtag von Baden-Württemberg
z.H. Herrn Fraktionsvorsitzender Dr. Hans-Ulrich Rülke
Konrad-Adenauer-Straße 12
70173 Stuttgart

Altlußheim, 23.08.2017

Masterarbeit „Rechtliche, politische und gesellschaftliche Implikationen einer Altersgrenze für Bürgermeister am Beispiel Baden-Württemberg"

Sehr geehrter Herr Dr. Rülke, sehr geehrte Damen und Herren,

mein Name ist Christoph Beil. Ich schreibe im Rahmen des Masterstudiums Public Management an der Hochschule für öffentliche Verwaltung Kehl meine Masterarbeit zu dem Thema „Rechtliche, politische und gesellschaftliche Implikationen einer Altersgrenze für Bürgermeister am Beispiel Baden-Württemberg".

Die Arbeit wird vom Rektor der Hochschule für öffentliche Verwaltung Kehl Prof. Paul Witt unterstützt und betreut. Ein entsprechendes Empfehlungsschreiben habe ich Ihnen beigefügt. Als Zweitbetreuer und Vertreter der kommunalen Praxis fungiert der Brühler Bürgermeister Dr. Ralf Göck.

Für meine Masterarbeit möchte ich Sie um Beantwortung folgender Fragen bitten:

1.) Die Reform des Wählbarkeits- und Ruhestandsalters von Bürgermeistern wurde 2015 durch die grün-rote Parlamentsmehrheit beschlossen. Die FDP Landtagsfraktion hat einen Änderungsantrag eingebracht, der von der grün-roten Parlamentsmehrheit abgelehnt wurde Hat sich nach Ihrer Einschätzung die Reform bewährt?

2.) Sehen Sie Handlungsbedarf für erneute Reformen wie beispielsweise eine erneute Anpassung des Wählbarkeitshöchstgrenze oder des Pensionsalters oder die komplette Abschaffung sämtlicher Altersgrenzen wie in einigen anderen Bundesländern?

3.) Falls Sie Handlungsbedarf sehen: Werden Sie diese Legislaturperiode eine entsprechende Initiative starten?

4.) Halten Sie angesichts der Heraufsetzung der Wählbarkeitsgrenze und des Ruhestandsalters für Bürgermeister oder aus sonstigen Gründen eine Abwahlmöglichkeit von Bürgermeister auch in Baden-Württemberg für sinnvoll oder geboten?

Vorab Danke für Ihre Mithilfe.

Mit freundlichen Grüßen

Christoph Beil

PS: Eine gleichlautende Mail habe ich vorab am 23.08.2017 an Sie versendet.

Anlage 7: Antwortschreiben Innenministerium Baden-Württemberg

Von: **Königsberg, Hermann (IM)** <Hermann.Koenigsberg@im.bwl.de>
Datum: 1. September 2017 um 13:48
Betreff: AW: Masterarbeit zum Thema Altersgrenze für Bürgermeister
An: "christoph.b.beil@googlemail.com" <christoph.b.beil@googlemail.com>

Sehr geehrter Herr Beil,

Herr Minister Strobl lässt Ihnen für Ihr Schreiben vom 23.08.2017 danken. Er hat die zuständige Fachabteilung beauftragt, Ihnen zu antworten.

Zu 1. bis 3.:
Die Altersgrenzen für kommunale Wahlbeamte in Baden-Württemberg sind durch das Gesetz zur Änderung kommunalverfassungsrechtlicher Vorschriften vom 28.10.2015 (GBl. S. 870) angehoben worden. Die Neuregelungen der Altersgrenzen sind am 01.02.2016 in Kraft getreten (Art. 11 Abs. 3 des Gesetzes), gelten also erst 1 ½ Jahre. Für eine Bewertung ist es deshalb zu früh. Bis eine namhafte Anzahl von Bürgermeistern ein Alter erreicht, in dem die neuen Altersgrenzen relevant werden, wird es noch einige Jahre dauern. Von Bedeutung ist hierbei auch, dass Art. 10 § 2 des o.g. Gesetzes eine Altfallregelung enthält, wonach für im Amt befindliche Bürgermeister noch die bisherige Ruhestandsaltersgrenze gilt.
Im Koalitionsvertrag von GRÜNEN und CDU für die laufende Legislaturperiode ist eine Überprüfung der Altersgrenzen auch nicht vorgesehen.

Zu 4.:
Die Einführung einer Abwahlmöglichkeit von Bürgermeistern ist nicht beabsichtigt (vgl. Stellungnahme des Innenministeriums zur Kleinen Anfrage Drs. 16/1700).

Für Ihre Masterarbeit wünschen wir Ihnen viel Erfolg.

Mit freundlichen Grüßen
Hermann Königsberg

Ministerium für Inneres, Digitalisierung und Migration Baden-Württemberg
- Referat 22 Kommunales Verfassungsrecht und Dienstrecht -
Willy-Brandt-Straße 41, 70173 Stuttgart
Telefon: 0711/231-3225
Telefax: 0711/231-3299
Mail: Hermann.Koenigsberg@im.bwl.de

Anlage 8: Antwortschreiben Landtagsfraktion Bündnis 90/Die Grünen

Von: <Barbarita.Schreiber@gruene.landtag-bw.de>
Datum: 4. Oktober 2017 um 09:58
Betreff: AW: Masterarbeit zum Thema Altersgrenze für Bürgermeister
An: christoph.b.beil@googlemail.com
Cc: jennifer.hladio@gruene.landtag-bw.de,
cornelia.bethge@gruene.landtag-bw.de

Sehr geehrter Herr Beil,

im Auftrag von Herrn Schwarz übermittle ich Ihnen gerne unsere grünen Antworten auf Ihre Fragen im Kontext Ihrer Masterarbeit zum Thema „Rechtliche, politische und gesellschaftliche Implikationen einer Altersgrenze für Bürgermeister am Beispiel Baden-Württemberg".

Wir wünschen der Arbeit gutes Gelingen und Ihnen alles Gute für Ihre berufliche und persönliche Zukunft.

Mit freundlichen Grüßen
Barbarita Schreiber

Barbarita Schreiber
Parlamentarische Beraterin
Europa, Internationales, Entwicklungspolitik
und Kommunalpolitik
Konrad-Adenauer-Str. 12
D- 70173 Stuttgart

T: 0049-711-2063 685
Fax: 0049-711-2063 660
barbarita.schreiber@gruene.landtag-bw.de
http://www.gruene-landtag-bw.de/

Antwortschreiben

Andreas Schwarz, Vorsitzender Fraktion GRÜNE im Landtag von Baden-Württemberg

an

Herrn Christoph Beil, Hockenheimer Straße 73, 68804 Altlußheim

Masterarbeit „ Rechtliche, politische und gesellschaftliche Implikat onen einer Altersgrenze
für Bürgermeister am Beispiel Baden-Württemberg"

Stuttgart, den 4.10.2017

Sehr geehrter Herr Beil,

gerne unterstütze ich Sie bei der Erstellung Ihrer Masterarbeit zum Thema „ Rechtliche,
politische und gesellschaftliche Implikationen einer Altersgrenze für Bürgermeister am
Beispiel Baden-Württemberg" und beantworte Ihre Fragen.

Wie Sie wissen, hat meine Fraktion 2015 gemeinsam mit dem damaligen Koalitionspartner
SPD das Gesetz zur Änderung der Altersgrenze in den Landtag von Baden-Württemberg
eingebracht und beschlossen, mit dem die Altersgrenze für die Wählbarkeit von
kommunalen Wahlbeamten von bis dahin 65 Jahren auf 67 Jahre erhöht und das
Ruhestandsalter auf maximal die Vollendung des 73. Lebensjahres festgelegt wird.

Diese Regelung stellt einen Kompromiss der unterschiedlichen Positionen der
Koalitionspartner dar. Motiv für die gemeinsame Initiative von Grün-Rot war das Anliegen,
dass erfahrene und beliebte Bürgermeister und Bürgermeisterinnen, Landräte oder
Beisitzer*innen nicht mehr automatisch ausscheiden müssen, weil sie die Altersgrenze von
68 erreicht haben.

Die SPD wollte eine restriktivere Lösung, wir Grüne eine liberalere, nämlich die vollständige
Aufhebung jeglicher Altersgrenzen. Mit dem gefundenen Kompromiss haben die
Wählerinnen und Wähler bei der Bürgermeisterwahl nun mehr Freiraum. Sie können selber
beurteilen, wem sie die verantwortungsvolle Aufgabe mit ihren komplexen
Problemstellungen zutrauen oder nicht und entsprechend wählen. Und die Kandidatinnen
oder Kandidaten sind erfahren genug um zu beurteilen, ob sie sich den hohen
Anforderungen an das Amt auch in fortgeschrittenerem Alter in vollem Umfang gewachsen
fühlen.

Zu Ihren Fragen im Einzelnen

ad 1. – Bewertung der Reform

Für eine Bewertung der Reform ist es derzeit zu früh. Bürgermeisterwahlen in Baden-
Württemberg sind ein ziemlich unerforschtes Feld. Während Parlamentswahlen und

Kommunalwahlen vom Statistischen Landesamt und der Kommunalstatistik der größeren Städte umfassend dokumentiert werden, existiert für Bürgermeisterwahlen keine durch eine gesetzliche Grundlage legitimierte und institutionalisierte Dokumentation der Wahldaten.

Deshalb lässt sich nicht ermitteln, in wie vielen Fällen die Regelungen der novellierten Gemeindeordnung, Artikel 9, bereits zur Anwendung kamen. Siehe dazu https://www.statistik-bw.de/Service/Veroeff/Monatshefte/2017:06

Grundsätzlich halte ich die Heraufsetzung der Altersgrenze auch aus Gründen der demografischen Entwicklung und immer längerer Lebensdauer bei längerer guter Gesundheit für zeitgemäß.

ad 2. Kompromisspunkte?

Für uns Grüne waren die Änderungen bei der Altersgrenze wichtig. Die Bürgerinnen und Bürger sollen souverän entscheiden.

Unser Koalitionspartner SPD ging mit einer sehr viel restriktiveren Haltung in die Verhandlungen. Eine vollständige Abschaffung der Obergrenze lehnte die SDP-Fraktion mit der Begründung ab, dass in diesem Falle auch das Mindestalter auf dem Prüfstand stehe. In beiden Fällen sah der Koalitionspartner erhebliche Risiken: Alterssturheit, Unreife, fehlende Lebenserfahrung etc. und damit verbunden die Gefahr von Fehlentscheidungen und Konflikten in der Gemeinde.

Angesichts der bestehenden Differenzen bestand die Kompromisslinie in einer Heraufsetzung der Altersgrenze.

ad 3. Handlungsbedarf für eine erneute Reform?

Deshalb ist auch keine Prüfung bzw. erneute Änderung im Koalitionsvertrag vorgesehen.

ad 4. neue Initiative in dieser Legislaturperiode?
Derzeit ist nichts geplant.

ad 5. Abwahlmöglichkeit von Bürgermeistern in Baden-Württemberg?

Sachlich besteht kein Zusammenhang zwischen der Heraufsetzung der Wählbarkeitsgrenze und des Ruhestandsalters für Bürgermeister*innen und einer in Baden-Württemberg nicht möglichen Abwählbarkeit von Bürgermeister*innen.

Hierzulande ist eine vorzeitige Beendigung der Amtszeit von Bürgermeistern geregelt in der Gemeindeordnung, § 128. Demnach kann die Amtszeit des Bürgermeisters für beendet erklärt werden, wenn er den Anforderungen seines Amtes nicht gerecht wird und dadurch so erhebliche Missstände in der Verwaltung auftreten, dass eine Weiterführung des Amtes

2

im öffentlichen Interesse nicht vertretbar ist. Über die Erklärung der vorzeitigen Beendigung der Amtszeit entscheidet das Verwaltungsgericht auf Antrag der oberen Rechtsaufsichtsbehörde, nicht der Gemeinderat oder die Bürgerschaft.

In Baden-Württemberg gab es in den vergangenen Jahren einige wenige Einzelfälle, bei denen wir aufgrund gegebener Vorkommnisse eine Abwahlmöglichkeit von Bürgermeister*innen durch die Bevölkerung im Sinne des Gemeinwohls für sinnvoll erachtet hätten. Dafür bräuchte es allerdings eine Abwahlmöglichkeit mit hohen Hürden, so wie es sie in allen anderen Bundesländern außer Bayern gibt. Nachdem wir bereits 1999 als Oppositionsfraktion mit einem in den Landtag eingebrachten Antrag zur Abwahlmöglichkeit der Bürgermeister an der Mehrheit der CDU und FDP gescheitert waren, steht die Abwahlmöglichkeit für die schwarz-grüne Regierung derzeit allerdings nicht auf der Tagesordnung.

Die kommunalen Landesverbände wie auch der Verband baden-württembergischer Bürgermeister und der Verband der Verwaltungsbeamten lehnen eine Abwahl von Bürgermeisterinnen und Bürgermeistern mit dem Hinweis auf die damit verbundene erhebliche Schwächung der Stellung der Bürgermeister ab.

Der Verein „Mehr Demokratie" dagegen plädiert seit vielen Jahren für eine Gesetzesänderung in Baden-Württemberg.

Der Vorschlag des Tübinger Politikwissenschaftler Hans-Georg Wehling zur Abwählbarkeit von Bürgermeister*innen ist aus meiner Sicht im Hinblick auf die Stärkung der repräsentativen und der direkten Demokratie durchaus bedenkenswert (FAZ vom 17.05.2017): „Wehling schlägt ein dreistufiges Verfahren vor: Der Gemeinderat leitet einen Abwahlantrag ein, lässt eine Frist „zur Abkühlung" der meist hitzigen Auseinandersetzungen verstreichen und entscheidet dann mit Zweidrittelmehrheit für oder gegen ein Abwahlverfahren. „Endgültig müssen diejenigen über die Abwahl abstimmen, die den Bürgermeister ins Amt gebracht haben, also die Bürger."

CL

Anlage 9: Antwortschreiben CDU-Landtagsfraktion

Von: <PeterMichael.Bauer@cdu.landtag-bw.de>
Datum: 4. Oktober 2017 um 10:12
Betreff: Masterarbeit zum Thema Altersgrenze für Bürgermeister
An: christoph.b.beil@googlemail.com

Sehr geehrter Herr Beil,

für Ihre Mail vom 23. August 2017 an Herrn Fraktionsvorsitzenden Prof. Dr. Reinhart, mit der Sie um Beantwortung verschiedener kommunalrechtlicher Fragen für Ihre Masterarbeit bitten, danke ich Ihnen. Herr Prof. Dr. Reinhart hat mich gebeten, Ihnen zu antworten.

In der letzten Legislaturperiode wurden verschiedene Ansätze zur Reform der Höchstaltersgrenze für Bürgermeister im Landtag diskutiert. Da es beim durch das Volk gewählten Bürgermeister keine übergeordnete Stelle gibt, die über die Notwendigkeit eines Eintritts in den Ruhestand entscheiden könnte, ist hier aus Sicht der CDU-Landtagsfraktion eine feste und klare Altersregelung angezeigt. Dies dient auch der Rechtssicherheit und vermeidet Rechtsstreitigkeiten. Dem Ansatz der FDP/DVP konnte daher nicht zugestimmt werden. Ebenso war und ist die CDU-Landtagsfraktion jedoch der Auffassung, dass Wahlbeamte, die ihre Amtszeit vor Vollendung des 65. Lebensjahres begonnen haben, diese auch beenden können sollten. Zu dem Gesetzgebungsverfahren hatten wir daher einen entsprechenden Änderungsantrag gestellt, sind mit diesem jedoch an der Grün-Roten Mehrheit gescheitert.

Für eine Feststellung, inwieweit sich die neue Regelung bewährt hat, ist es zum jetzigen Zeitpunkt noch zu früh. Daher steht auch keine Änderung auf der politischen Agenda für diese Legislaturperiode.

Für Ihr Interesse danke ich Ihnen und wünsche Ihnen für Ihre wissenschaftliche und berufliche Zukunft alles Gute.

Mit freundlichen Grüßen

Dr. Peter M. Bauer

Dr. Peter Michael Bauer
Parlamentsrat
Parlamentarischer Berater
CDU-Landtagsfraktion Baden-Württemberg
Haus der Abgeordneten
Konrad-Adenauer-Straße 12
70173 Stuttgart

Telefon: (0711) 2063-850
PC-Fax: (0711) 2063-14850

CLI

Anlage 10: Antwortschreiben SPD-Landtagsfraktion

Von: <jens.walther@spd.landtag-bw.de>
Datum: 25.09.2017 2:03 nachm.
Betreff: AW: Masterarbeit zum Thema Altersgrenze für Bürgermeister
An: <christoph.b.beil@googlemail.com>
Cc: <Martina.Buschle@spd.landtag-bw.de>

Lieber Herr Beil,

anbei die Antworten auf Ihre Anfrage vom 23. August.

Beste Grüße

Jens Walther

Dr. Jens Walther

Leiter des Büros des Fraktionsvorsitzenden

Telefon: 0711 2063729

Mobil: 0170 3028104

jens.walther@spd.landtag-bw.de

Antwort auf Ihre Anfrage:

1) Die Reform des Wählbarkeits- und Ruhestandsalters von Bürgermeistern wurde 2015 durch die grün-rote Parlamentsmehrheit beschlossen. Hat sich nach Ihrer Einschätzung die Reform bewährt?

Antwort: Es ist noch sehr früh, um ein endgültiges Fazit zu ziehen. Die Regelung trat erst zum 1. Februar 2016 in Kraft. Grundsätzlich sind wir aber nach wie vor der Meinung, dass die Erhöhung der Altershöchstgrenze auf 73 Jahre richtig war. Es gab zur Altershöchstgrenze schon immer eine Abstufung von drei Jahren zwischen Beamten und Bürgermeistern. Als die Altersgrenze bei Beamten bei 65 Jahren lag, lag sie bei Bürgermeistern bei 68 Jahren. Wenn wir jetzt den Beamten die Möglichkeit bieten, bis 70 Jahre zu arbeiten, ist es nur folgerichtig, diese Altersgrenze für volksgewählte Bürgermeister auf 73 Jahre zu erhöhen.

Aus der Erhöhung der Altershöchstgrenze erfolgt konsequenterweise auch die Erhöhung der Wählbarkeitsgrenze. Daher haben wir beschlossen, dass Bewerber für das Amt des Bürgermeisters künftig bis zur Vollendung des 68sten Lebensjahres kandidieren dürfen. Diese Grenze lag bisher bei 65 Jahren.

Eine komplette Abschaffung der Altersgrenze ist mit den gesetzlichen Ansprüchen an das Bürgermeisteramt nicht vereinbar. Nach der baden-württembergischen Gemeindeordnung ist der Bürgermeister/Oberbürgermeister Vorsitzender des Gemeinderates, er ist Chef der Verwaltung, er vertritt die Gemeinde nach außen. Er vollzieht die Beschlüsse des Gemeinderates, muss gesetzwidrigen Beschlüssen des Gemeinderates widersprechen, er ist Dienstvorgesetzter und oberste Dienstbehörde aller Gemeindemitarbeiter. Wir sind uns deshalb sicher alle einig, dass die Funktion des volksgewählten Bürgermeisters außerordentlich verantwortungsvoll ist. Die starke Stellung des Bürgermeisters (verhältnismäßig lange Amtszeit, keine Abwahlmöglichkeit) gilt es zu bewahren, eine Altersgrenze stellt im Hinblick dazu einen verhältnismäßig geringen Eingriff in die Rechte der Bürgermeister dar.

2) Hätten Sie, wenn Sie im Landtag ohne Koalitionspartner eine Mehrheit gehabt hätten die Reform auch genauso beschlossen oder mussten Sie in manchen Punkten auf den Koalitionspartner Rücksicht nehmen und Kompromisse eingehen? Wenn ja, welche Punkte waren dies und warum?

Antwort: Wir hätten auch ohne Koalitionspartner genauso gehandelt.

3) Sehen Sie Handlungsbedarf für erneute Reformen wie beispielsweise eine erneute Anpassung des Wählbarkeitshöchstgrenze oder des Pensionsalters oder die komplette Abschaffung sämtlicher Altersgrenzen wie in einigen anderen Bundesländern?

Antwort: Nein.

4) Falls Sie Handlungsbedarf sehen: Werden Sie diese Legislaturperiode eine entsprechende Initiative starten?

5) Halten Sie angesichts der Heraufsetzung der Wählbarkeitsgrenze und des Ruhestandsalters für Bürgermeister oder aus sonstigen Gründen eine Abwahlmöglichkeit von Bürgermeister auch in Baden-Württemberg für sinnvoll oder geboten?

Antwort: Nein, eine Abwahlmöglichkeit halte ich weder für sinnvoll noch für geboten. Bürgermeister und Oberbürgermeister sind direkt vom Volk gewählt und verfügen damit über eine hohe Legitimierung. Eine Abwahlmöglichkeit würde die Stellung gegenüber dem Gemeinderat und die wirksame Wahrnehmung von Verantwortlichkeiten schwachen und birgt die Gefahr des Missbrauchs.

Anlage 11: Antwortschreiben FDP/DVP-Landtagsfraktion

Von: <Hans-Ulrich.Ruelke@fdp.landtag-bw.de>
Datum: 04.09.2017 3:07 nachm.
Betreff: AW: Masterarbeit zum Thema Altersgrenze für Bürgermeister
An: <christoph.b.beil@googlemail.com>
Cc:

Sehr geehrter Herr Beil,

die Reform der Altersgrenze durch die grün-rote Landesregierung war in unseren Augen ganz klar eine „Lex Kretschmann". Vor allem die Grünen wollten damit vermeiden, dass im Wahlkampf über das Alter von Ministerpräsident Kretschmann debattiert wird, der zwar Ministerpräsident aber nicht Bürgermeister hätte werden können. Mit Blick auf dieses Ziel und Ihre erste Frage hat sich die Rechtsänderung für die Grünen bewährt, das Alter von Ministerpräsident Kretschmann wurde im Wahlkampf nicht besonders thematisiert. Überzeugende inhaltliche Gründe gab es für die von Grün-Rot durchgesetzte Änderung nicht, sie kann sich daher m. E. allenfalls tendenziell angesichts der leichten Anhebung der Altersgrenze bewähren. Hierzu fehlen uns aber noch Informationen.
Wir sind weiterhin für eine komplette Aufhebung der Altersgrenze. Ein entsprechender Gesetzentwurf von uns hat derzeit aber keine Aussicht auf eine Mehrheit im Landtag und ist daher aktuell nicht zielführend.
Die Möglichkeit einer Abwahl von Bürgermeistern lehnen wir ab. Die Abwahl würde die Bereitschaft, sich als Bürgermeisterkandidat zur Verfügung zu stellen, schwächen. Auch würde die Stellung des Bürgermeisters, der unter anderem im Gemeinderat auf einen Ausgleich gegensätzlicher Interessen hinwirken soll, leiden, wenn er durch das Drohen mit der Abwahl unter Druck gesetzt werden kann. Zudem hat die Rechtsaufsichtsbehörde ausreichend Möglichkeiten, um bei einer im Einzelfall nachweisbaren mangelhaften Amtsführung eines Bürgermeisters einschreiten zu können.

Ich hoffe, ich konnte Ihnen unsere Positionen nahe bringen, wünsche Ihnen viel Erfolg bei der Erstellung Ihrer Masterarbeit und verbleibe

mit freundlichen Grüßen

Dr. Hans-Ulrich Rülke MdL
Fraktionsvorsitzender

Zerrennerstraße 26
75172 Pforzheim
Tel: 07231/1555467
Fax: 07231/15556384

www.hans-ulrich-ruelke.de

CLV

Anlage 12: Anschreiben Städtetag Baden-Württemberg

Christoph Beil - Hockenheimer Straße 73 - 68804 Altlußheim - chrisbeil@web.de

Städtetag Baden-Württemberg

z.H. Frau Gudrun Heute-Bluhm

Königstraße 2

70173 Stuttgart

Altlußheim, 23.08.2017

Masterarbeit „Rechtliche, politische und gesellschaftliche Implikationen einer Altersgrenze für Bürgermeister am Beispiel Baden-Württemberg

Sehr geehrte Frau Heute-Bluhm, sehr geehrte Damen und Herren,

mein Name ist Christoph Beil. Ich schreibe im Rahmen des Masterstudiums Public Management an der Hochschule für öffentliche Verwaltung Kehl meine Masterarbeit zu dem Thema „Rechtliche, politische und gesellschaftliche Implikationen einer Altersgrenze für Bürgermeister am Beispiel Baden-Württemberg".

Die Arbeit wird vom Rektor der Hochschule für öffentliche Verwaltung Kehl Prof. Paul Witt unterstützt und betreut. Ein entsprechendes Empfehlungsschreiben habe ich Ihnen beigefügt. Als Zweitbetreuer und Vertreter der kommunalen Praxis fungiert der Brühler Bürgermeister Dr. Ralf Göck.

Für meine Masterarbeit möchte ich Sie um Beantwortung folgender Fragen bitten:

1.) Sie haben sich in der Anhörung durch den Innenausschuss gegen die Abschaffung der Altersobergrenze von 65 Jahren für die Wahl zum Bürgermeister ausgesprochen und stattdessen für die ersatzlose Aufhebung der Altersobergrenze von 68 Jahren für die Amtsausübung in den §36 Abs. 2 LBG und § 41 Abs. 2LBG ausgesprochen. Dennoch wurde die Altersgrenze angepasst. Hat sich nach Ihrer Einschätzung die Reform bewährt?

2.) Sehen Sie Handlungsbedarf für erneute Reformen wie beispielsweise eine erneute Anpassung des Wählbarkeitshöchstgrenze oder des Pensionsalters oder gar die komplette Abschaffung sämtlicher Altersgrenzen wie in einigen anderen Bundesländern?

3.) Halten Sie angesichts der Heraufsetzung der Wählbarkeitsgrenze und des Ruhestandsalters für Bürgermeister oder aus sonstigen Gründen eine Abwahlmöglichkeit von Bürgermeister auch in Baden-Württemberg für sinnvoll oder geboten?

Vorab Danke für Ihre Mithilfe.

Mit freundlichen Grüßen

Christoph Beil

PS: Eine gleichlautende Mail habe ich vorab am 23.08.2017 an Sie versendet.

Anlage 13: Anschreiben Gemeindetag Baden-Württemberg e.V.

Christoph Beil - Hockenheimer Straße 73 - 68804 Altlußheim - chrisbeil@web.de

Gemeindetag Baden-Württemberg e.V.

z.H. Roger Kehle

Panoramastr. 31

70174 Stuttgart

Altlußheim, 23.08.2017

Masterarbeit „Rechtliche, politische und gesellschaftliche Implikationen einer Altersgrenze für Bürgermeister am Beispiel Baden-Württemberg

Sehr geehrte Herr Kehle, sehr geehrte Damen und Herren,

mein Name ist Christoph Beil. Ich schreibe im Rahmen des Masterstudiums Public Management an der Hochschule für öffentliche Verwaltung Kehl meine Masterarbeit zu dem Thema „Rechtliche, politische und gesellschaftliche Implikationen einer Altersgrenze für Bürgermeister am Beispiel Baden-Württemberg".

Die Arbeit wird vom Rektor der Hochschule für öffentliche Verwaltung Kehl Prof. Paul Witt unterstützt und betreut. Ein entsprechendes Empfehlungsschreiben habe ich Ihnen beigefügt. Als Zweitbetreuer und Vertreter der kommunalen Praxis fungiert der Brühler Bürgermeister Dr. Ralf Göck.

Für meine Masterarbeit möchte ich Sie um Beantwortung folgender Fragen bitten:

1) Sie haben sich in der Anhörung durch den Innenausschuss für die Anpassung der Altersgrenzen und den vorgelegten Gesetzentwurf ausgesprochen. Hat sich nach Ihrer Einschätzung die Reform bewährt?

2) Sehen Sie Handlungsbedarf für erneute Reformen wie beispielsweise eine erneute Anpassung des Wählbarkeitshöchstgrenze oder des Pensionsalters oder gar die komplette Abschaffung sämtlicher Altersgrenzen wie in einigen anderen Bundesländern?

3) Halten Sie angesichts der Heraufsetzung der Wählbarkeitsgrenze und des Ruhestandsalters für Bürgermeister oder aus sonstigen Gründen eine Abwahlmöglichkeit von Bürgermeister auch in Baden-Württemberg für sinnvoll oder geboten?

Vorab Danke für Ihre Mithilfe.

Mit freundlichen Grüßen

Christoph Beil

PS: Eine gleichlautende Mail habe ich vorab am 23.08.2017 an Sie versendet.

CLIX

Anlage 14: Anschreiben Verband Baden-Württembergischer Bürgermeister e.V.

Christoph Beil - Hockenheimer Straße 73 - 68804 Altlußheim - chrisbeil@web.de

Verband Baden-Württembergischer Bürgermeister e.V.

Geschäftsstelle

z.H. Herrn Hans Zellner

Danziger Straße 37

76307 Karlsbad

Altlußheim, 23.08.2017

Masterarbeit „Rechtliche, politische und gesellschaftliche Implikationen einer Altersgrenze für Bürgermeister am Beispiel Baden-Württemberg

Sehr geehrte Herr Zellner, sehr geehrte Damen und Herren,

mein Name ist Christoph Beil. Ich schreibe im Rahmen des Masterstudiums Public Management an der Hochschule für öffentliche Verwaltung Kehl meine Masterarbeit zu dem Thema „Rechtliche, politische und gesellschaftliche Implikationen einer Altersgrenze für Bürgermeister am Beispiel Baden-Württemberg".

Die Arbeit wird vom Rektor der Hochschule für öffentliche Verwaltung Kehl Prof. Paul Witt unterstützt und betreut. Ein entsprechendes Empfehlungsschreiben habe ich Ihnen beigefügt. Als Zweitbetreuer und Vertreter der kommunalen Praxis fungiert der Brühler Bürgermeister Dr. Ralf Göck.

Für meine Masterarbeit möchte ich Sie um Beantwortung folgender Fragen bitten:

1.) Sie haben sich in der Anhörung durch den Innenausschuss gegen das Streichen des Höchstalters von 65 Jahren für Bürgermeisterbewerber ausgesprochen. Dennoch wurde die Altersgrenze angepasst. Hat sich nach Ihrer Einschätzung die Reform bewährt?

2.) Sehen Sie Handlungsbedarf für erneute Reformen wie beispielsweise eine erneute Anpassung des Wählbarkeitshöchstgrenze oder des Pensionsalters oder gar die komplette Abschaffung sämtlicher Altersgrenzen wie in einigen anderen Bundesländern?

CLX

Christoph Beil - Hockenheimer Straße 73 - 68804 Altlußheim - chrisbeil@web.de

3.) Halten Sie angesichts der Heraufsetzung der Wählbarkeitsgrenze und des
Ruhestandsalters für Bürgermeister oder aus sonstigen Gründen eine
Abwahlmöglichkeit von Bürgermeister auch in Baden-Württemberg für sinnvoll oder
geboten?

Vorab Danke für Ihre Mithilfe.

Mit freundlichen Grüßen

Christoph Beil

PS: Eine gleichlautende Mail habe ich vorab am 23.08.2017 an Sie versendet.

Anlage 15: Antwortschreiben Städtetag Baden-Württemberg

Von: "Brugger Norbert" <Norbert.Brugger@staedtetag-bw.de>
Datum: 14.09.2017 9:57 vorm.
Betreff: AW: Masterarbeit Christoph Beil
An: "chrisbeil@web.de" <chrisbeil@web.de>
Cc: "Heute-Bluhm Gudrun" <Gudrun.Heute-Bluhm@staedtetag-bw.de>, "Grimm Michaela"
<Michaela.Grimm@staedtetag-bw.de>, "Kozel Alexander" <Alexander.Kozel@staedtetag-bw.de>

Sehr geehrter Herr Beil,

gerne beantworten wir Ihre Fragen wie folgt:

Zu Frage 1

Der Städtetag hat sich - nach intensiver interner Beratung - gegenüber dem Land nicht für die ersatzlose Aufhebung der Altersobergrenze ausgesprochen. Er unterbreitete vielmehr den Vorschlag, die Altersobergrenze für die Wahl zum Bürgermeister bei 65 Jahren zu belassen, die seitherige Altersobergrenze von 68 Jahren für die Ausübung des Bürgermeisteramts allerdings ersatzlos zu streichen. Damit hätten auch alle Wahlbewerberinnen und Wahlbewerber, die in der Altersspanne zwischen 60 und 65 Jahren zum Bürgermeister gewählt bzw. erneut gewählt werden, eine achtjährige Amtszeit leisten und damit bis maximal zur Vollendung des 73. Lebensjahrs amtieren können.

Letzteres ist nach dem nunmehr geltenden neuen Recht auch der Fall. Jene Bürgermeister, die in der Altersspanne zwischen 65 und 68 gewählt werden, haben allerdings eine entsprechend reduzierte (letzte) Amtsperiode. Diesem Kompromiss konnte der Verband in abschließenden Verhandlungen mit dem Land zustimmen.

Zu Frage 2

Es bedarf einiger Jahre Erfahrung, um die Wirkung und Sinnhaftigkeit der neuen Bestimmungen überprüfen und beurteilen zu können. Wir streben daher momentan keine weitere Rechtsänderung an, zumal das jetzige Recht unseren Bestrebungen nahe kommt. Siehe Antwort zu Frage 1.

Zu Frage 3

Über die Einführung einer Möglichkeit, Bürgermeister in Baden-Württemberg abzuwählen, ist in den letzten Jahrzehnten mehrfach landespolitisch diskutiert worden. Anlass dafür boten jeweils unglückliche Konstellationen in einzelnen Kommunen. Insofern waren diese Beratungen nachvollziehbar.

Es handelte sich allerdings jeweils um singuläre Ereignisse, die bezogen auf die Gesamtzahl an Bürgermeisterwahlen nicht ins Gewicht fielen. Weniger als zehn solcher Fälle sind in den letzten 20 Jahren zu dieser Kategorie zu zählen. In diesem Zeitraum fanden mehr als 2500 Bürgermeisterwahlen statt.

Auch vor diesem Hintergrund lehnten und lehnen wir eine Abwahlmöglichkeit bei Bürgermeistern ab. Die positiven Wirkungen stabiler Bürgermeisteramtszeiten für die Kommunen und damit auch das Land überwiegen bei Weitem. Baden-Württembergs Kommunalverfassung ist buchstäblich mustergültig, war daher auch Blaupause für die Einführung demokratischer Kommunalverfassungen in den Neuen Bundesländern Anfang der 1990er-Jahre. Baden-Württemberg verfügt über die ausgeprägteste Form kommunaler Selbstverwaltung.

Kommunalpolitik bedarf angesichts der Dimension vieler Projekte und Maßnahmen sowie des breiten Spektrums betroffener Menschen, die es für solche Vorhaben zu gewinnen gilt, eines langen Atems. Sie muss langfristig gestaltet werden und profitiert daher sehr von stabilen und in diesem Sinne "unpolitischen" bzw. überparteilichen Verhältnissen an den Stadtspitzen. Diese Voraussetzungen wären in Baden-Württemberg nicht mehr in gleicher Weise gegeben, wenn die Amtszeiten von Stadtoberhäuptern aus politischen Gründen per Abstimmung vorzeitig beendet werden könnten.

Für andere Fallkonstellationen regelt die Gemeindeordnung das Verfahren einer vorzeitigen Beendigung der Amtszeit von Bürgermeistern durch die Kommunalaufsicht.

Wir wünschen Ihnen viel Erfolg mit Ihrer Arbeit und bitten Sie, uns zu gegebener Zeit eine Fertigung hiervon in elektronischer Form zu übermitteln.

Mit freundlichen Grüßen

Norbert Brugger
Dezernent

Städtetag Baden-Württemberg
Königstraße 2, 70173 Stuttgart
T   0711 229 21-13
F   0711 229 21-27
www.staedtetag-bw.de

Anlage 16: Antwortschreiben Gemeindetag Baden-Württemberg e.V.

Von: **Burkhart, Harald** <harald.burkhart@gemeindetag-bw.de>
Datum: 24. August 2017 um 11:18
Betreff: AW: Masterarbeit zum Thema Altersgrenze für Bürgermeister
An: "christoph.b.beil@googlemail.com" <christoph.b.beil@googlemail.com>

Guten Tag Herr Beil!

Ihre Fragen kann ich gerne beantworten:

1) Sie haben sich in der Anhörung durch den Innenausschuss für die Anpassung der Altersgrenzen und den vorgelegten Gesetzentwurf ausgesprochen. Hat sich nach Ihrer Einschätzung die Reform bewährt?

In der kurzen Zeit seit der Anhebung der Altersgrenze ist es nicht möglich, deren Bewährung in der Kommunalpraxis einzuschätzen.

2) Sehen Sie Handlungsbedarf für erneute Reformen wie beispielsweise eine erneute Anpassung des Wählbarkeitshöchstgrenze oder des Pensionsalters oder gar die komplette Abschaffung sämtlicher Altersgrenzen wie in einigen anderen Bundesländern?

Derzeit nicht. Vor weiteren Änderungen sollte abgewartet werden, wie sich die Neuregelung bewährt. Das erfordert einen längeren Zeitraum; zehn Jahre wäre hier nach meinem Eindruck durchaus angemessen.

3) Halten Sie angesichts der Heraufsetzung der Wählbarkeitsgrenze und des Ruhestandsalters für Bürgermeister oder aus sonstigen Gründen eine Abwahlmöglichkeit von Bürgermeister auch in Baden-Württemberg für sinnvoll oder geboten?

Nein. Hier besteht kein Zusammenhang.

Auch aus anderen Gründen sehen wir diese Notwendigkeit nicht. Die über einen langen Zeitraum gesehen wenigen problematischen Fälle können mit den vorhandenen Instrumenten zufriedenstellend geklärt werden. Eine Schwächung der Stellung des Bürgermeisters wäre nachteilig für die bewährte, leistungsstarke baden-württembergische Kommunalverfassung. Das zeigen auch Vergleiche mit anderen Bundesländern.

Freundliche Grüße!
Harald Burkhart
Gemeindetag Baden-Württemberg
Panoramastraße 31
70174 Stuttgart
Telefon 0711 22572-33
E-Mail harald.burkhart@gemeindetag-bw.de

Mitgliederversammlung des Gemeindetags am 16. November 2017 in Balingen

Anlage 17: Antwortschreiben Verband Baden-Württembergische Bürgermeister e.V.

Von: <Hans-Zellner@web.de>
Datum: 25. September 2017 um 12:22
Betreff: Fw: Aw: Fwd: Masterarbeit zum Thema Altersgrenze für Bürgermeister
An: christoph.b.beil@googlemail.com

Betreff: Aw: Fwd: Masterarbeit zum Thema Altersgrenze für Bürgermeister

Sehr geehrter Herr Beil!
Zu ihren Fragen möchte ich wie fogt Stellung nehmen:
1.
Der Verband der B.-W. Bürgermeister hat sich sehr intensiv mit dem Thema beschäftigt.
Wir hatten vorgeschlagen den Bürgermeister, der gewählt war, so lange im Amt zu lassen, wie die Amtszeit läuft.
Mit dem Hinausschieben sehen wir hier mehr Probleme als Vorteile. Insbesondere wenn der Amtsinhaber schon recht lange in Dienst ist.
Auch die Rechtfertigung (auf öffentlichen Druck) dann mit zunehmendem Alter noch einmal zu kandidieren (müssen) wird zunehmen.
Wir hatten die bewährte Regelung für gut befunden. Auch evtl. Fragen bei Krankheit, Demenz und sonstigen Gesundheitsproblemen werden sich sicherlich noch stellen, bis zu Abwahlgedanken die dann sicherlich wieder aufkommen werden.
Ein Resümee ist erst in einigen Jahren möglich.

2. Aus den genannten Gründen halten wir weitere Reformen für verfrüht.
Dies kann erst in ein paar Jahren diskutiert werden, wenn die Erfahrungen anderer Bundesländer vorliegen.
Einige Jahre der Berufs- und Lebenserfahrungen sollte ein Bewerber schon als Grundlage für den Beruf des Bürgermeister mitbringen.

3.
Eine Abwahlmöglichkeit würde noch mehr qualifizierte Laufbahnbewerber von einer Bewerbung abhalten.
Es ist bereits jetzt schon schwierig, (qualifizierte) Bewerber für das Amt des Bürgermeisters zu gewinnen. Leider!!!
Dann würde sich das Problem noch verschärfen.
Die bisherige Regelung hat sich bewährt. Für Reformen sehen wir derzeit keine Notwendigkeit.

Mit freundlichen Grüßen

Hans Zellner
Präsident Verband B.-W. Bürgermeister

Anlage 18: Musteranschreiben Bürgermeister/ Oberbürgermeister im Landkreis Rastatt und im Landkreis Tübingen

Christoph Beil - Hockenheimer Straße 73 - 68804 Altlußheim - chrisbeil@web.de

Nur per Mail

Masterarbeit „Rechtliche, politische und gesellschaftliche Implikationen einer Altersgrenze für Bürgermeister am Beispiel Baden-Württemberg

Sehr geehrter Herr Bürgermeister Max Müller, (persönliche Anrede)

mein Name ist Christoph Beil. Ich schreibe im Rahmen des Masterstudiums Public Management an der Hochschule für öffentliche Verwaltung Kehl meine Masterarbeit zu dem Thema „Rechtliche, politische und gesellschaftliche Implikationen einer Altersgrenze für Bürgermeister am Beispiel Baden-Württemberg".

Die Arbeit wird vom Rektor der Hochschule für öffentliche Verwaltung Kehl Prof. Paul Witt unterstützt und betreut. Ein entsprechendes Empfehlungsschreiben habe ich Ihnen beigefügt. Als Zweitbetreuer und Vertreter der kommunalen Praxis fungiert der Brühler Bürgermeister Dr. Ralf Göck.

Im Rahmen dieser Masterarbeit habe ich den Städtetag Baden-Württemberg, den Gemeindetag Baden-Württemberg und den Verband Baden-Württembergischer Bürgermeister als kommunale Dachorganisationen um eine Bewertung der 2015 durch den baden-württembergischen Landtag beschlossenen Anpassung der Altersgrenze und verschiedener weiterer damit zusammenhängender Fragen gebeten.

Gerne möchte ich jedoch auch die direkt Betroffenen – die Bürgermeisterinnen und Bürgermeister – um ihre Einschätzung bitten. Eine Befragung aller Amtsinhaber ist im Rahmen dieser Masterarbeit aber nicht möglich. Ich habe deshalb zwei Landkreise (einen badischen und einen württembergischen) nach dem Zufallsprinzip ausgewählt.

Dazu möchte ich Sie um Beantwortung der auf dem Fragebogen aufgeführten Fragen bitten. Dies wird nur wenige Minuten dauern. Bitte nutzen Sie dazu den beigefügten Link. Es gibt keine richtigen oder falschen Antworten. Bitte geben Sie auch eine kurze Begründung für diese an. Dies macht Ihre Antworten für das Forschungsvorhaben noch wertvoller.

https://www.hosting.grafstat.com/extra16/f/Buegermeisterbefragung-im5usy/index.htm

Christoph Beil - Hockenheimer Straße 73 - 68804 Altlußheim - chrisbeil@web.de

Die Ergebnisse werden ausschließlich in aggregierter Form veröffentlicht. Die Daten werden keinesfalls dazu genutzt, einzelne Personen zu identifizieren.

Ich wäre Ihnen sehr verbunden, wenn Sie in den nächsten zwei Wochen teilnehmen würden. Die Teilnahme an der Befragung ist freiwillig.

Bei Fragen können Sie mich jederzeit gerne unter chrisbeil@web.de kontaktieren.

Danke für Ihre Mithilfe.

Mit freundlichen Grüßen

Christoph Beil

CLXVII

Anlage 19: Fragenbogen Bürgermeister/ Oberbürgermeister im Landkreis Rastatt und im Landkreis Tübingen

Fragebogen: Buergermeisterbefragung

1. Durch das Gesetz zur Änderung kommunalverfassungsrechtlicher Vorschriften vom 28.10.2015 wurde auch die Höchstaltersgrenze für die Wählbarkeit zur Bürgermeisterin oder zum Bürgermeister vom noch nicht vollendeten 65. Lebenjahr auf das noch nicht vollendete 68. Lebensjahr angehoben. Das bedeutet, dass auch 65-, 66- und 67jährige Personen erstmals zur Bürgermeisterin oder zum Bürgermeister gewählt oder wiedergewählt werden können.

Halten Sie diese Änderung für sinnvoll?

☐ ja   ☐ Gründe:
☐ nein
☐ weiß nicht

2. In einigen Bundesländern gibt es für die Wählbarkeit zur Bürgermeisterin oder zum Bürgermeister keine Altersgrenze. Sollte auch Baden-Württemberg die Altersgrenze aufheben?

☐ ja   ☐ Gründe:
☐ nein
☐ weiß nicht

3. Können Sie sich vorstellen, selber nochmals im Alter von 65 oder höher zur (Wieder-)Wahl anzutreten?

☐ ja   ☐ Gründe:
☐ nein
☐ weiß nicht

4. Mit der Anhebung der Wählbarkeitsgrenze wurde gleichzeitig die Altersgrenze für den Eintritt in den Ruhestand kraft Gesetzes für Bürgermeisterinnen und Bürgermeister vom 68. Lebensjahr auf das 73. Lebensjahr geändert. Maßgeblicher Zeitpunkt ist wie bisher der Ablauf des Monats, in dem das 73. Lebensjahr vollendet wird. (Für die bei Inkrafttreten der Reform - 1.2.2016 - im Amt befindlichen Bürgermeisterinnen und Bürgermeister bleibt es bei bisherigen Ruhestandsaltersgrenze von 68. Lebensjahren). Das bedeutet, dass Amtsinhaber, die künftig mit 65, 66 oder 67 erstmals oder wiedergewählt werden, nicht mehr die volle Amtszeit von 8 Jahren ableisten können. So wird z.B. eine mit 67 ½ Jahren gewählte Person nach 5 ½ Jahre in den Ruhestand versetzt.

Sollte dieser Personenkreis erst mit Ablauf der Amtszeit in den Ruhestand versetzt werden?

☐ ja   ☐ Gründe:
☐ nein
☐ weiß nicht

5. Alter:

CLXVIII

6. Geschlecht:
○ weiblich   ○ keine Angabe
○ männlich

---

7. Erstmals zur Bürgermeisterin/zum Bürgermeister gewählt im Jahr:

---

8. Gemeindegröße:
○ 0 - 5000   ○ 20000 - 50000
○ 5000 - 10000   ○ über 50000
○ 10000 - 20000

Der Fragebogen ist jetzt:
◉ noch nicht fertig
○ fertig zum Abschicken

[Drucken]   [Abschicken]   [Eingabe loeschen]

Dieses Formular wurde mit GrafStat (Ausgabe 2017 / Ver 4.428) erzeugt.
Ein Programm v. Uwe W. Diener 03/2017.
Informationen zu GrafStat: http://www.grafstat.de

CLXIX

Anlage 20: Übersicht angeschriebene Kommunen Landkreis Rastatt

Kommunen Landkreis Rastatt

Kommune	Bürgermeister/ Oberbürgermeister
Au am Rhein	Veronika Laukart
Bietigheim	Constantin Braun
Bischweier	Robert Wein
Bühl	Hubert Schnurr
Bühlertal	Hans-Peter Braun
Durmersheim	Andreas Augustin
Elchesheim-Illingen	Rolf Spiegelhalder
Forbach	Katrin Buhrke
Gaggenau	Christof Florus
Gernsbach	Dieter Knittel ab Oktober Julian Christ
Hügelsheim	Reiner Dehmelt
Iffezheim	Peter Werler
Kuppenheim	Karsten Mußler
Lichtenau	Christian Greilach
Loffenau	Erich Steigerwald
Muggensturm	Dietmar Späth
Ötigheim	Frank Kiefer
Ottersweier	Jürgen Pfetzer
Rastatt	Hans Jürgen Pütsch
Rheinmünster	Helmut Pautler
Sinzheim	Erik Ernst
Steinmauern	Siegfried Schaaf
Weisenbach	Toni Huber

Anlage 21: Übersicht angeschriebene Kommunen Landkreis Tübingen

Übersicht Landkreis Tübingen

Kommune	Bürgermeister/ Oberbürgermeister
Ammerbuch	Christel Halm
Bodelshausen	Uwe Ganzenmüller
Dettenhausen	Thomas Engesser
Dußlingen	Thomas Hölsch
Gomaringen	Steffen Heß
Hirrlingen	Christoph Wild
Kirchentellinsfurt	Bernd Haug
Kusterdingen	Dr. Jürgen Soltau
Mössingen	Michael Bulander
Nehren	Egon Betz
Neustetten	Gunter Schmid
Ofterdingen	Joseph Reichert
Rottenburg am Neckar	Stephan Neher
Starzach	Thomas Noé
Tübingen	Boris Palmer

CLXXI

Grundauswertung der Befragung:
Bügermeisterbefragung

1) Durch das Gesetz zur Änderung kommunalverfassungsrechtlicher Vorschriften vom 28.10.2015 wurde auch die Höchstaltersgrenze für die Wählbarkeit zur Bürgermeisterin oder zum Bürgermeister vom noch nicht vollendeten 65. Lebendjahr auf das noch nicht nicht vollendeten 65. Lebendjahr auf das noch nicht vollendete 68. Lebensjahr angehoben. Das bedeutet, dass auch 65-, 66- und 67jährige Personen erstmals zur Bürgermeisterin oder zum Bürgermeister gewählt oder wiedergewählt werden können.

Halten Sie diese Änderung für sinnvoll?

```
                              ja       11   (50,00%)
                            nein       10   (45,45%)
                   weiß nicht           1    (4,55%)
                      Gründe:          11   (50,00%)
                                       ──
   Nennungen (Mehrfachwahl möglich!)   33
              geantwortet haben        22
```

Offene Antworten:

- Das Lebensalter sagt oft wenig über die geistige und körperliche Leistungsfähigkeit aus. Die Wählerinnen und Wähler sind selbst die besten "Beurteiler".

- Es bedarf überhaupt keiner Altersgrenze., das Regulativ ist der Wähler

- Es sollte auch die Altersgrenze auf Kreis-, Landes- und Bundesebene entsprechend angepasst werden.

- Gewinnung von Seniorexperten

- bisherige Altergrenze hielt ich für ausreichend. Die neue Altersgrenze ist auch willkürlich.

- Die Bürger können mit ihrer Stimme netscheiden ob sie jemanden in diesem Alter wählen wollen oder nicht

- komplette Aufhebung besser, jetzige Grenze willkürlich

- Fachkräftemangel

- Wir müssen der jüngeren Generation eine Chance geben

2) In einigen Bundesländern gibt es für die Wählbarkeit zur Bürgermeisterin oder zum Bürgermeister keine Altersgrenze. Sollte auch Baden-Württemberg die Altersgrenze aufheben?

```
                                        ja        13   (59,09%)
                                      nein         9   (40,91%)
                                weiß nicht         0    (0,00%)
                                   Gründe:         8   (36,36%)
                                             _____
            Nennungen (Mehrfachwahl möglich!)     30
                         geantwortet haben         22
```

Offene Antworten:

- s.o.

- es gibt keinen vernünftigen Grund für die Altersgrenze, bei Ministern gibt es auch keinen

- Siehe oben. Wenn dann die Altersgrenze ganz aufheben.

- Fachkräftemangel und Wähler kann entscheiden, ob er einen Kandidaten aus Altersgründen nicht mehr wählen will

- Irgendwann muss mal Schluss sein. Manche erkennen diesen Zeitpunkt nicht von alleine.

3) Können Sie sich vorstellen, selber nochmals im Alter von 65 oder höher zur (Wieder-)Wahl anzutreten?

```
                                        ja         4   (18,18%)
                                      nein        14   (63,64%)
                                weiß nicht         4   (18,18%)
                                   Gründe:         6   (27,27%)
                                             _____
            Nennungen (Mehrfachwahl möglich!)     28
                         geantwortet haben         22
```

Offene Antworten:

- wenn die Gesundheit mitspielt und ich noch den Eindruck habe, dass die Leute mich gern als ihren BM sehen

- sofern gesundheitliche Gründe nicht entgegenstehen

- wurde allerdings auch schon mit 28 Jahren Bürgermeister

- Wäre dann 4. Amtsperiode

- Sh oben

4) Mit der Anhebung der Wählbarkeitsgrenze wurde gleichzeitig die Altersgrenze für den Eintritt in den Ruhestand kraft Gesetzes für Bürgermeisterinnen und Bürgermeister vom 68. Lebensjahr auf das 73. Lebensjahr geändert. Maßgeblicher Zeitpunkt ist wie bisher der Ablauf des Monats, in dem das 73. Lebensjahr vollendet wird. (Für die bei Inkrafttreten der Reform – 1.2.2016 – im Amt befindlichen Bürgermeisterinnen und Bürgermeister bleibt es bei bisherigen Ruhestandsaltersgrenze von 68. Lebensjahren).

Das bedeutet, dass Amtsinhaber, die künftig mit 65, 66 oder 67 erstmals oder wiedergewählt werden, nicht mehr die volle Amtszeit von 8 Jahren ableisten können. So wird z.B. eine mit 67 ½ Jahren gewählte Person nach 5 ½ Jahre in den Ruhestand versetzt. Sollte dieser Personenkreis erst mit Ablauf der Amtszeit in den Ruhestand versetzt werden?

ja	9	(42,86%)
nein	10	(47,62%)
weiß nicht	2	(9,52%)
Gründe:	4	(19,05%)
Nennungen (Mehrfachwahl möglich!)	25	
geantwortet haben	21	

Offene Antworten:

- s.o.

- wenn die Altersgrenze aufgehoben wird, wäre dies nur folgerichtig

- Siehe Antwort 2!

5) Alter:

- 58
- 41
- 37
- 30
- 45
- 53
- 40
- 51
- 59
- 59
- 40
- 54
- 40
- 52
- 52
- 55
- 64
- 55
- 45
- 50
- 55
- 45

Durchschnittsalter 49,09

6) Geschlecht:

weiblich	2	(9,09%)
männlich	20	(90,91%)
keine Angabe	0	(0,00%)
Summe	22	

7) Erstmals zur Bürgermeisterin/zum Bürgermeister gewählt im Jahr:
2000
1999
2009
2015
2010
2002
2016
1999
2008/2016 Wiederwahl
1988
2013
1995
2014
2004
1993
2002
2000
2010
2004
1990
2006

Durchschnittlich im Amt: 13,38

8) Gemeindegröße:

0 - 5000	7	(31,82%)
5000 - 10000	11	(50,00%)
10000 - 20000	1	(4,55%)
20000 - 50000	2	(9,09%)
über 50000	1	(4,55%)
Summe	22	

Anlage 23: Interview mit Franz Masino, Bürgermeister der Gemeinde Waldbronn

Interview mit Franz Masino, Bürgermeister der Gemeinde Waldbronn am 06.10.2017 im Rathaus Waldbronn

(zit. Interview Masino 2017)

Zur Person:

Franz Masino ist seit 2009 Bürgermeister der Gemeinde Waldbronn. Am 12.3.2017 wurde er mit 64 Jahren erneut mit 53,14 % als Bürgermeister wiedergewählt. Vor der Wahl zum Bürgermeister war er seit 1999 Gemeinderat und seit 2004 Fraktionsvorsitzender der SPD-Gemeinderatsfraktion in Waldbronn. Beruflich hat er bis zu seiner Wahl zum Bürgermeister nach Ablegen der Meisterprüfung ein Baugeschäft selbstständig geführt.

Verfasser (Verf.): Herr Masino, am 28.10.2015 wurde die Höchstaltersgrenze für die Wählbarkeit zur Bürgermeisterin oder zum Bürgermeister vom noch nicht vollendeten 65. Lebendjahr auf das noch nicht vollendete 68. Lebensjahr angehoben. Mit der Anhebung der Wählbarkeitsgrenze wurde gleichzeitig die Altersgrenze für den Eintritt in den Ruhestand kraft Gesetzes für Bürgermeisterinnen und Bürgermeister vom 68. Lebensjahr auf das 73. Lebensjahr geändert. Wie bewerten Sie diese Änderung?

Franz Masino (F.M): Ich finde die Reform sehr gut. Auch wenn ich Sozialdemokrat bin, bin ich dafür, dass das Rentenalter hochgesetzt wird. Denn vielleicht als Hintergrund: Ich war ja selbständig, ich war ja Unternehmer und ich kenne so viele in meinem Alter, die dermaßen aktiv sind. Warum sollte man denn dann diese Kompetenzen, die es in dem Alter gibt, einfach in Pension schicken müssen? Zumindest sollte man jenen, die die Kompetenzen haben - egal, ob in der freien Wirtschaft oder in der Verwaltung - die Möglichkeit geben, einfach länger bleiben zu können. Und das finde ich eine gute Regelung. Besonders, was die Bürgermeister angeht. Zumal wir ja wissen, dass es nicht so leicht ist, für jeden Stuhl eines frei werdenden Bürgermeisteramtes, nennen wir es mal „Ersatz" - zu finden. Und da finde ich das schon gut, wenn Leute, die das, sagen wir mal zwei Perioden gemacht haben, dann aufgrund der Reform nochmal eine Periode dranhängen können. Ganz klar: Es ist ein anstrengender Job, sehr anstrengend, der Job des Bürgermeisters. Aber wenn man dann schon mal auf die 65 zugeht, kommt doch eine gewisse Gelassenheit dazu und die ist ganz wichtig in dem Job. Die „dicke Haut", die man dafür braucht, und dann kann man das auch - wenn man so will - mit fortgeschrittenen Alter. Natürlich ist ganz wichtig beim Amt des Bürgermeisters: Man muss die Freude am Amt haben und man muss die Menschen lieben. Und wenn du die Menschen liebst und deine Leute aus dem Dorf hast, da kommt dann auch so viel zurück. Das ist so eine Power, so eine Energie, die du dann hast und dann packst du es auch hoch in den Sechzigern ohne Probleme.

(Verf.): Sie sind einer der ersten „Nutznießer" der Reform und können bis 72 im Amt bleiben. Ist Ihnen das bewusst und spielte das Thema Alter – Ihr größter Kontrahent war erst 30 Jahre alt – im Wahlkampf eine Rolle?

(F.M.): Eigentlich eine untergeordnete Rolle, was mich auch ein Stück weit gewundert hat. Es ist im Wahlkampf eigentlich gar nicht so thematisiert worden. Also von der Gegenseite. Höchstwahrscheinlich, weil alle, die mich im Dorf kennen, wissen, was ich für eine Power habe. Ich glaube, damit hätte man sich auch gar keinen Gefallen getan, weil eigentlich alle wussten: Der Franz, der ist nicht unterzukriegen, wenn der jetzt sagt, dass er das noch acht Jahre macht, dann macht er das auch noch acht Jahre. Und nicht dann noch zwei, drei Jahre und dann lässt er es auslaufen. Ich denke, dass ich da sehr glaubwürdig in meiner Aussage war, dass das Alter für mich überhaupt kein Problem ist. Die Glaubwürdigkeit, die war ganz wichtig!

(Verf.): Am Ende ihrer Amtszeit sind Sie 72 Jahre alt. Hat das bei Ihrer Überlegungen nochmals zu kandidieren eine Rolle gespielt?

(F.M.): Ich muss Sie korrigieren. Ich scheide aus dem Amt kurz vor meinen 73 Geburtstag aus. Also es ist fast eine Punktlandung. Ab dem 1. Mai bin ich dann Pensionär und 22 Tage später werde ich dann 73. Und zur Frage: Ich habe mich gefreut! Ganz einfach, dass ich nicht nur drei Jahre machen darf, sondern acht Jahre. Weil auch nach der alten Altersregelung hätte ich nochmal kandidiert, weil mir das Amt so eine große Freude macht. Und jetzt habe ich eben das Glück, dass ich nochmal eine ganze Periode machen darf. Eine Amtszeit, also acht Jahre, ist zu kurz für einen Bürgermeister. Bis du richtig drin bist, Ideen und deren Entscheidungen des Vorgängers umgesetzt hast, das Eine oder Andere angestoßen hast, was aber noch nicht umgesetzt ist, sind die acht Jahre um. Eine zweite Amtszeit, sofern sie dir zugestanden wird, ist eigentlich ein Muss.

(Verf.): Zur nächsten Fragen. Sie haben es eigentlich schon vorweggenommen. Amtsinhaber, die künftig mit 65, 66 oder 67 erstmals oder wiedergewählt werden, können nicht mehr die volle Amtszeit von 8 Jahren ableisten können. So wird z.B. eine mit 67 ½ Jahren gewählte Person nach 5 ½ Jahre in den Ruhestand versetzt. Sollte dieser Personenkreis erst mit Ablauf der Amtszeit in den Ruhestand versetzt werden? Sie sehen es also positiv.

(F.M.): Ja! Man hat mir nochmal 5 Jahre geschenkt.

(Verf.): In einigen Bundesländern gibt es für die Wählbarkeit zur Bürgermeisterin oder zum Bürgermeister keine Altersgrenze. Sollte auch Baden-Württemberg die Altersgrenze aufheben?

(F.M.): Nein! Ich denke irgendwann sollte Schluss sein. Und das sollte nicht so sein, dass ich da oben im Rathaus an Altersdemenz leidend auf dem Sessel einschlafe. Ich glaube schon, dass man ab einem gewissen Alter irgendwann an Grenzen kommt. Und die sollte man dann erkennen. Ich meine, die Lebenserwartung bei uns, die ist in den letzten Jahrzehnten ja stetig gestiegen und deswegen ist natürlich aus meiner Sicht auch die Arbeitszeit und die Lust an der Arbeit mit gestiegen und das reklamiere ich schon für mich. Aber ich glaube, irgendwann muss dann schon mal Schluss sein! Dann soll auch die Jüngeren wieder ran.(Verf.): Sie könnten es sich also nicht vorstellen – wenn es möglich wäre – nochmals zu kandidieren und im Falle der Wahl eine weitere Amtszeit (dann bis 80) dranzuhängen?

(F.M.): Nein! Auf gar keinen Fall! Wir wissen doch alle, dass die Generation 60plus - das sind ja die „Best Ager" - also wir die sind, die in der Welt rumreisen, die sich noch mal ein Motorrad kaufen, die mit dem Fahrrad durch die Gegend sausen, die sportlich aktiv sind. Und genau die, die will man nicht mehr arbeiten lassen, obwohl sie es gerne tun würden, obwohl sie es auch könnten, wie ich auch schon bei der ersten Frage hinsichtlich der Kompetenzen gesagt habe. Das ist für mich ein Widerspruch in sich. Ich sehe das auch in meinen Bekanntenkreis. Die sind ja so fit. Die wissen gar nicht wohin mit ihrer Energie. Und warum soll man die wegdrücken? Aber zur nochmal zu Frage: Wie vorhin gesagt, irgendwann muss auch Schluss ein.

(Verf.): Dann die letzte Frage: Sie haben es schon teilweise bei der Frage eins beantwortet. Was sind Ihrer Einschätzung nach die Eigenschaften, die ein Bürgermeister mitbringen sollte? Spielt das Alter dabei eine Rolle?

(F.M.): Ich mache mich vielleicht bei jüngeren Leuten unbeliebt, aber ich denke, das Alter spielt schon eine Rolle. Eine gewisse Lebenserfahrung, die sollte einfach vorhanden sein. Also ich kann mir eigentlich nur schlecht vorstellen, obwohl es auch schon gute Beispiele dafür gab, dass ein Mitte 20-jähriger schon Bürgermeister wird. Was in meinen Augen ganz wichtig ist, das habe ich auch schon am Anfang erwähn, man muss die Menschen lieben. Man sollte ein geselliger Mensch sein, denn du wirst ja ständig und überall angesprochen. Also das muss einem schon liegen, der Umgang mit den Menschen. Der muss gepflegt werden und das ist auch ganz wichtig. Denn das Amt des Bürgermeisters - also wie ich es gerne sage - heißt „*Bürger*meister". Es heißt nicht „*Rathaus*meister" und es heißt nicht „*Schreibtisch*meister". Es heißt Bürgermeister und meine Ansprechpartner sind die Bürger. Ich bin die Schnittstelle zwischen dem Bürger und dem Rathaus. Die „Drecksarbeit" - Entschuldigung für diesen Begriff - die wird hier erledigt. Dafür habe ich meine Amtsleiter und meine Mitarbeiter, das ist ganz klar, aber ich bin der Mann zwischen dem Bürger und dem Rathaus. Und es ist ganz wichtig, ganz, ganz wichtig, dass das der Bürgermeister ist. Und sollte er nicht mehr die erste Ansprechperson für die Bürger sein, dann hat er ihn verloren. Und da lege ich ganz großen Wert drauf. Auf den Kontakt mit meinen Bürgern.

Was ich vielleicht am Rande noch sagen kann: In einer kleinen Gemeinde mit 2000 bis 5000 Einwohnern wollte ich nicht Bürgermeister sein. Denn dafür hätte ich den Background, Fundus, die Ausbildung gar nicht. Hier habe ich meine Amtsleiter, wir haben ja mehrere Ämter, ich habe ja sogar noch ein Rechtsamt. Also das Personal und das Fachwissen sind da. Und dafür hätte ich gar nicht den Background, um das auszufüllen. Aber in einer Gemeinde unserer Größe - das möchte ich nochmal betonen - da kann auch ein Quereinsteiger Bürgermeister sein. Gut ist natürlich, wenn er - ähnlich wie ich - vielleicht schon ein Stückweit kommunalpolitische Erfahrung hat. Und es ist was ganz was Eigenes und Besonderes, wenn man in seiner Heimatgemeinde Bürgermeister sein darf. Das ist mir ein ganz wichtiger Satz. In seiner Heimatgemeinde Bürgermeister sein darf! Das ist ein riesen Glück! Bringt natürlich auch manche, ich sag mal „Schwierigkeiten" mit sich, denn „gell Franz, du machst das, du schaust doch, meine Straße, mein Gehweg, gell du schaust danach". Aber so ist es halt. Ich möchte mal behaupten, 50 Prozent der Bürger Waldbronns kennen mich, seitdem ich lebe. Das ist unheimlich positiv, aber bringt halt auch manches so mit sich, was einem dann nicht so gefällt. Man muss halt manchmal auch dem einen oder anderen wehtun. Das muss man dann natürlich auch können.

(Verf.): Vielen Dank für das Gespräch.

Anlage 24: Schriftliches Interview mit Jonathan Berggötz, Bürgermeisterkandidat in Waldbronn

Schriftliches Interview mit Jonathan Berggötz, Bürgermeisterkandidat in Waldbronn am 18.10.2017

(zit. Interview Berggötz 2017)

Zur Person:

Jonathan Berggötz kandidierte 2017 in der Gemeinde Waldbronn als Bürgermeister und konnte 41,96 % erringen. Herr Berggötz ist 30 Jahre alt und ist in Bad Dürrheim aufgewachsen. Er ist Persönlicher Referent und Büroleiter des Oberbürgermeisters in Rastatt und hat in Kehl an der Hochschule für Öffentliche Verwaltung das Verwaltungsstudium „Public Management" absolviert. Er sitzt im Landesvorstand der überparteilichen Europa Union und ist Mitglied des Rundfunkrates des SWR

Verfasser (Verf.): Herr Berggötz, sie sind bei der Bürgermeisterwahl in Waldbronn knapp gegen den Amtsinhaber unterlegen. Sie waren zum Zeitpunkt der Wahl 30 Jahre alt und Ihr Kontrahent bereits 64 Jahre. Spielte das Alter von Ihnen und Ihres Kontrahenten, von dem klar war, dass er im Falle seiner Wahl bis 72 im Amt bleiben kann, eine Rolle im Wahlkampf?

Jonathan Berggötz (J.B.): Im Wahlkampf wurde das Alter des Amtsinhabers Masino und von mir gelegentlich von Bürgerinnen und Bürgern thematisiert. Hinsichtlich unseres Alters habe ich allerdings positive wie auch negative Äußerungen gehört.

Mit meinen 30 Jahren sahen mich manche Personen als dynamisch und offen für frische Ideen- andere trauten mir gewisse Führungsstärke nicht zu und versagten mir Lebenserfahrung.

Herr Masino als Amtsinhaber stand kurz vor seinem 65. Geburtstag. Viele Bürgerinnen und Bürger sahen in ihm einen erfahrenen und gestandenen Mann. Gleichzeitig wurde aber auch thematisiert, dass man mit diesem Alter keine acht Jahre in dieser besonderen Funktion durchstehen könne.

Wie bei allem im Leben sind die Dinge häufig nicht so wie sie sind, sondern so wie wir sie sehen wollen. Das ist bei emotionalen Dingen, wie bspw. Wahlen sicherlich noch stärker.

(Verf.): Haben Sie überlegt, das Alter von Ihnen und Ihres Kontrahenten aktiv zu thematisieren?

(J.B.): Nein. Wie bereits erwähnt, könnte das jegliches Alter auch negativ ausgeschlachtet werden. Ich finde dies jedoch keinen guten Stil, jemanden aufgrund seines Alters zu diskreditieren, bzw. ihm Schwächen vorzuwerfen.

(Verf.): Wenn nein warum nicht; wenn ja wie?

(J.B.): Zunächst einmal ist klar festzuhalten, dass es um die Kompetenzen des Bewerbers gehen muss, damit die Bürgerinnen und Bürger gut repräsentiert sind und sich unsere Kommunen positiv entwickeln. Hierbei spielen fachliche und menschliche Kompetenzen meiner Meinung nach die wichtigsten Faktoren und sollten im Fokus für eine Wahl stehen.

Man lässt sich manchmal von Vorurteilen leiten. Jedoch kann ein junger Bewerber sicherlich mehr Lebenserfahrung oder ein intensiveres Verwaltungswissen haben, als ein älterer Bewerber. Gleichzeitig kann ein älterer Bewerber auch dynamischer und innovationsfreudiger sein als ein junger Bewerber.

In der Geschichte haben wir viele Beispiele für erfolgreiche Menschen jeglichen Alters. Konrad Adenauer beispielsweise war bereits 73 Jahre alt, als er zum Bundeskanzler gewählt wurde. Und seine 14-jährige Amtszeit darf sicherlich als sehr positiv für unsere Bundesrepublik gewertet werden. Aber wir finden auch junge Persönlichkeiten, die in Politik, Wirtschaft und anderen Bereichen Maßstäbe gesetzt haben und für unsere Gesellschaft ein Gewinn waren.

(Verf.): Meinen Sie dass das Alter einen Einfluss auf den Wahlausgang hatte?

(J.B.): Ja, davon gehe ich persönlich aus. Ich weiß allerdings nicht, in welche Richtung es ausschlaggebend war.

Fakt ist, manche Leute lassen sich vom Alter der Bewerber leiten. Ich hoffe jedoch, dass dies zur Entscheidung lediglich ein Zünglein an der Waage ist und fachliche und menschliche Kompetenzen zum Wohle der Bürgerinnen und Bürger in der Stadt/Gemeinde klar im Vordergrund stehen.

Anlage 25: Empfehlungsschreiben Hochschule Kehl

Hochschule für öffentliche
Verwaltung Kehl

Der Rektor

UNIVERSITY
OF APPLIED SCIENCES

Hochschule Kehl - Postfach 1549 - 77675 Kehl

Herrn
Christoph Beil
Hockenheimer Str. 73
68804 Altlußheim

(07851)894-   104

E-Mail: witt@hs-kehl.de

Ihr Zeichen:
Unser Zeichen: witt/hd

Datum: 18. August 2017

Erstellung Ihrer Masterthesis an der Hochschule für öffentliche Verwaltung Kehl

Sehr geehrter Herr Beil,

im Rahmen des Masterstudiums Public Management an der Hochschule für öffentliche Verwaltung Kehl schreiben Sie eine Masterarbeit zu dem Thema

„**Rechtliche, politische und gesellschaftliche Implikationen einer Altersgrenze für Bürgermeister am Beispiel Baden-Württemberg**"

Vor dem Hintergrund der demografischen Entwicklung, dem Entstehen neuer Altersbilder und dem Einfluss europäischen Rechts steht unter dem Stichwort Altersdiskriminierung auch die Altersgrenze für Bürgermeister im Fokus der Diskussion. Die Fragen „Warum darf man ab einem bestimmten Alters nicht mehr Bürgermeister werden?" und „Warum muss ein Bürgermeister in den Ruhestand treten, obwohl seine Amtszeit noch nicht abgelaufen ist?" stehen auf der politischen Agenda der dafür zuständigen Landesgesetzgeber.

Sie möchten mit Ihrer Arbeit rechtliche und politische Rahmenbedingungen für die Beantwortung dieser Fragen und den Gestaltungsrahmen für politische Akteure darstellen.

Wir unterstützen die Erstellung dieser Masterthesis vollumfänglich und hoffen, dass Sie durch die Vorlage dieses Schreibens mit der Unterstützung und Beteiligung der von Ihnen angefragten Expertinnen und Experten rechnen können.

Freundliche Grüße

Prof. Paul Witt

CLXXXV

CLXXXVI

CLXXXVII